I0845366

La innovación en Silicon Valley

Valley

(Liderazgo con libertad)

Diego F. Wartjes

Dedico este libro al profesor Robert I. Sutton (Stanford), de quién aprendí que es la innovación y como se la impulsa.

Diego F. Wartjes

Indice

El management se trata de persuadir a las personas para que hagan cosas que no quieren hacer, en cambio el liderazgo se trata de inspirar a las personas para que logren cosas que nunca creyeron podrían lograr.[1]

Steve Jobs

Capítulo 1

La innovación en Silicon Valley

Este libro se llama la innovación *en Silicon Valley*, por dos motivos. Primero describe la visión de la innovación que tienen los jóvenes emprendedores de Silicon Valley, muy diferente a la visión tradicional de la innovación. Bajo la tradicional, se cree que solo las grandes empresas (especialmente industrias manufactureras) o gobiernos pueden crear innovaciones, con la asistencia de departamentos de *investigación y desarrollo* y, muchas veces, sus clientes son otras organizaciones. Por ejemplo, la empresa IBM fabricando las grandes computadoras (los llamados *mainframes*), para bancos, empresas y gobiernos, en las décadas de 1950 y 1960.[2] El management es de estilo tradicional o jerárquico y si un empresario o grupo de trabajo no logra crear el producto innovador que se propuso, es un fracaso. Por eso muchos ejecutivos ven a los proyectos de innovación o el intentar algo nuevo, como que *pone en riesgo sus carreras*, más en razón de la baja probabilidad de éxito. Un esfuerzo en investigación y desarrollo que no logra nada o dilapida dinero, raramente se olvida y puede implicar el despido para la persona a cargo o la negación de un ascenso.

En cambio, los innovadores de Silicon Valley y de otros lugares con el mismo espíritu desarrollaron una nueva manera de innovar. Creen que son los *individuos*, los que pueden crear las innovaciones más disruptivas, trabajando con sus *laptops*. Un ejemplo es Mark Zuckerberg desarrollando Facebook en su cuarto de la Universidad de Harvard o Elon Musk y sus socios creando PayPal. Al inventar el *microchip*, la computadora personal y el software, se dieron las herramientas para crear otros productos de uso *individual*, desde programas como el Windows 95 de Microsoft (empresa que abrió su primera oficina en Silicon Valley en 1981) QuickBooks (software de contabilidad para pequeñas empresas familiares) hasta las redes sociales que corren sobre internet como Yahoo, Google, YouTube, Twitter, Linkedin, Whatsapp, Airbnb, Instagram, Pinterest, Reddit, OpenAI, AddLive, Snapchat, Meerkat, Zynga, Nextdoor, etc. Por ejemplo, Linkedin, Facebook o Instagram permiten hoy a millones de personas difundir masivamente sus ideas, logros laborales o preocupaciones: en otra época, solo podían hacer esto si conseguían una entrevista en radio o televisión.

Son los protagonistas del *capitalismo emprendedor*, que se destaca por innovar con independencia de los recursos que posean: Steve Jobs y Steve Wozniak no tenían nada cuando fundaron Apple, vendieron algunos de sus posesiones personales más preciadas para conseguir los primeros dólares. Estos emprendedores tienen una perseverancia a toda prueba. Para ellos, los productos tecnológicos deben ser no solo útiles sino también bellos (artísticos) lo que hoy podemos ver en el diseño colorido de las páginas de internet, el estilo de las computadoras o la belleza del último *iPhone* (la intersección entre arte y tecnología obsesionó a Jobs). Según Vivek Wadhwa (Singularity University):

Aquí la gente entiende que con cada fracaso aprendiste algo, y que por lo tanto eres más sabio que antes. Hay una cultura muy diferente a la de la mayoría de los países del mundo y de gran parte de Estados Unidos. En Nueva York, los banqueros van de traje y corbata, y alardean de sus éxitos, reales o imaginarios. Aquí, en Silicon Valley, los empresarios más ricos y los científicos más prestigiosos andan en jeans, o bermudas y sandalias, y hablan con la *mayor naturalidad de sus fracasos*. Es otro mundo.[3]

También creen que los principales clientes deben ser otros *individuos*, el "hombre común de la calle". En efecto, este tipo de emprendedores logró poner las tecnologías que habían sido creadas para grandes empresas y gobiernos, *a disposición del individuo*: se olvida que las primeras radios, calculadoras, computadoras, impresoras, fotocopiadoras, diskettes y recientemente, impresoras 3D, eran grandes y costosas, es decir, no *habían sido pensadas para uso personal* y no se adaptaron para tal fin, sino hasta la llegada de esta generación de emprendedores. Por ejemplo, la primera computadora fue la Eniac, en 1946, pesaba 30 toneladas y ocupaba un espacio de 10 metros por 15.

Los fabricantes de grandes computadoras ignoraron al individuo durante muchos años y producían solo para empresas, bancos y gobiernos. Pero Apple, Commodore, Tandy y, a partir de 1981, IBM, se enfocaron en fabricar computadoras para *uso personal* y así crearon los mercados de individuos para informática.[4] Hewlett-Packard vendía una sofisticada impresora láser que tenía un precio de 100 mil dólares. Pero en 1984 lanzó la primera impresora *personal* de tinta (HP ThinkJet) a solo 495 dólares y así creó un mercado para estudiantes y oficinistas (vendió más de 400 millones de estas impresoras). También la internet es hoy de uso personal gracias a que algunos de los científicos que la construyeron, desconfiaban del gobierno estadounidense. Uno de estos científicos, Bob Taylor, afirma:

> Siempre que me fue posible, opté por descentralizar la red (…)
> Yo no confiaba en las organizaciones grandes y centralizadas.[5]

Y si repasamos la historia, recordemos que las radios eran aparatos grandes para uso compartido que se ubicaban en el living o la cocina de los hogares. En la década de 1950 fabricar una radio pequeña y portátil era revolucionario. Pero un innovador, Pat Haggerty (Texas Instruments), le pidió a su gente que fabricara una pequeña radio de bolsillo: la Regency TR-1 que salió al mercado en 1954 a un precio de 49,95 dólares. El éxito fue total. En un año se vendieron cien mil, lo que la convirtió en una de las innovaciones más populares de la historia. La radio ya no era un aparato grande que había que compartir con el resto de la familia sino un dispositivo *personal* que permitía a cada individuo escuchar la música o programa de su gusto.

En la década de 1990, el profesor Clayton Christensen (Harvard) llamó a estas innovaciones "tecnologías disruptivas", para diferenciarlas de las "tecnologías sostenibles", que se caracterizan por mejorar la performance de "productos establecidos": los de "tecnología disruptiva" se caracterizan por ser "baratos, simples, pequeños y, frecuentemente, más fáciles de usar", ideal para individuos. Los ejemplos que dió Christensen en 1997 eran las pequeñas motos de Honda frente a las grandes motos de Harley-Davidson y los pequeños transistores frente a los tubos al vacío.[6] Así fue como la tecnología electrónica dejó de ser el dominio exclusivo de las grandes empresas y el gobierno estadounidense, para "potenciar la individualidad, la libertad personal e incluso, en cierta medida, el espíritu rebelde", dice Walter Isaacson.[7]

El liderazgo en Silicon Valley

Segundo, este libro tiene como subtítulo las palabras *liderazgo con libertad*. ¿Por qué? Para que un grupo de personas logre innovar, el liderazgo es determinante, basta el ejemplo de líderes como Steve Jobs o Bill Gates. Hay muchas maneras de liderar, pero el *estilo* de liderazgo que describe este libro surgió en Silicon Valley: es el que muchos profesores de management recomiendan como ideal para fomentar la creatividad. Para captar su esencia, veremos varios temas: las *habilidades creativas* de famosos innovadores como Pierre Omidyar (eBay) o Jeff Bezos (Amazon); el grado de influencia de las emociones en el ambiente de una empresa (emociones positivas, negativas o neutras), los descubrimientos de la consultora IDEO (a la cual Steve Jobs solía consultar), la cantidad de miembros ideal para un equipo de innovación (tipo de personalidades que se necesita combinar) y mucho más: sin conocer estos temas, un jefe o gerente no sabría por donde empezar para liderar un equipo de innovación. Profundicemos lo del liderazgo con libertad.

En las décadas de 1940 y 1960, dos empresarios crearon este estilo de liderazgo: David Packard, co-fundador de Hewlett-Packard (1939) y Robert Noyce, co-fundador de Intel (1968) e inventor del *microchip*.[8] Por haber inventado el *microchip*, Noyce fue apodado el "alcalde de Silicon Valley", hasta su muerte en 1990. Sus empresas fueron las más icónicas de Silicon Valley hasta la irrupción de Apple en 1976 y más tarde, Google (1998) y Facebook (2004). Durante la Segunda Guerra Mundial (1939-1945), Packard solía dormir en su oficina desde la cual supervisaba varios turnos de trabajadores, en su mayoría mujeres. Se dio cuenta -según Isaacson- que conceder a los trabajadores horarios flexibles y libertad a la hora de decidir cómo cumplir sus objetivos aumentaba la eficiencia (mientras tanto, su socio, Bill Hewlett, estaba en el ejército). A esto se sumó el estilo de vida de California con su clima soleado, salidas a tomar cerveza al final del día (*happy hour*) y opciones sobre las acciones (*stock options*) para los trabajadores, lo que incentivaba su compromiso pues si la empresa aumentaba sus ganancias, también lo hacía el precio de las acciones.

Noyce también creía en darles libertad a los trabajadores para que tomaran decisiones y propusieran soluciones ingeniosas: bajo esta modalidad de management que algunos llaman "horizontal", las buenas ideas se propagan con más rapidez, a diferencia de lo que ocurre bajo los liderazgos jerárquicos o autoritarios ("verticales"). Ted Hoff, uno de los técnicos de Intel que inventó el microprocesador en 1971, recuerda que el personal de Intel no estaba obligado a seguir una cadena de mando. Si un empleado necesitaba hablar con un gerente o director, lo hacía sin pedir permiso a intermediarios, supervisores o secretarias. Al soslayar la estructura jerárquica, Noyce *empoderaba* a los jóvenes de Intel, forzándolos a volverse creativos. Estaba convencido que si uno elegía la persona correcta para una tarea, no era necesario vigilarlo.[9]

Había desarrollado este estilo de liderazgo después de ser reprimido por la rígida jerarquía de una empresa en la cual había trabajado de joven. En las empresas del este de Estados Unidos (New York, New Jersey, Connecticut, Massachusetts, etc.), los trabajadores de menor rango tenían pequeños escritorios de metal mientras que los ejecutivos tenían enormes escritorios de caoba, un símbolo del mando jerárquico. Así que Noyce decidió trabajar en un pequeño escritorio gris en el centro de la sala, para que todos lo viesen y pudiesen acceder a él fácilmente. El periodista Michael Malone dijo, después de visitar Intel:

No fui capaz de localizar a Noyce. Una secretaria tuvo que levantarse y llevarme hasta su cubículo, porque este era casi indistinguible del resto en aquella extensa pradera de cubículos.[10]

No había pues escritorios mejores para los jefes, tampoco lugares reservados para estacionar los autos. ¿Adónde apuntaba esta "igualdad de escritorios"? No a la prédica igualitaria del socialismo o el marxismo, sino a que la jerarquía del cargo y sus privilegios debían ceder ante las buenas ideas y los méritos. Según Ann Bowers, directora de personal de Intel:

No existían privilegios. Promovimos una modalidad de cultura empresarial completamente distinta de cualquier cosa que se hubiera visto a la fecha. Se trataba de una cultura basada en la meritocracia.[11]

Este estilo de liderazgo "sería un modelo que se volvería común en Silicon Valley"[12]. Steve Jobs idolatraba a Noyce y así lo recuerda: "Noyce me tomó bajo su protección. Yo era joven, tenía veintitantos años. Él tenía poco más de cincuenta años y trató de darme una perspectiva de la industria que yo entendía solo parcialmente"[13]. En una entrevista poco antes de morir, le preguntaron a Jobs si el siempre imponía sus ideas debido a su jerarquía:

Ojalá lo hiciera. No puedes. Si quieres contratar gente talentosa y que se quede trabajando para ti, tienes que dejar que tomen muchas decisiones y que *las buenas ideas triunfen, no la jerarquía*: las mejores ideas tienen que ganar, sino, la gente talentosa se te va.[14]

Muchos profesores de negocios llaman a esta forma de liderazgo "management *laissez faire*"[15] (francés para *dejar hacer*) y otros usan la palabra *libertad* para describir su esencia. Comenta el profesor Thomas Byers (Universidad de Stanford):

Muchas de las empresas más exitosas e innovadoras consisten en pequeñas unidades de negocios con *libertad* de comunicación entre ellas…y *libertad* frente a un micro-management centralizado.[16]

No es casualidad que esta visión haya surgido en Estados Unidos, país con el mayor grado de libertad económica de la historia, a pesar de los altos impuestos que hoy rigen en Silicon Valley y el resto de California. Thurman John "T. J." Rodgers, fundador de *Cypress Semiconductor* (proveedor de Apple), afirma que:

son las libertades estadounidenses las que permiten la existencia de Silicon Valley. La libertad y los mercados libres están incorporados en nuestra Constitución y Declaración de Derechos. La libertad crea prosperidad. Silicon Valley es una isla de libertad y de mercados libres, más en línea con la filosofía de 1776 de dejar hacer (*laissez faire*) que con los Estados Unidos de 1999 y su intervencionismo estatal.[17]

¿Qué es Silicon Valley?

Para concluir esta introducción, menciono algunos datos más sobre Silicon Valley. Este lugar no es una ciudad o municipio sino una *región* (área geográfica) ubicada al norte del estado de California (sur de la ciudad de San Francisco). La región incluye 13 ciudades, de las cuales las más famosas, por las empresas que allí residen, son San José (sede de eBay y Cisco), Cupertino (Apple), Palo Alto (Hewlett-Packard y Tesla), Mountain View (Google), Santa Clara (Nvidia), etc. (técnicamente la ciudad de San Francisco no forma parte de Silicon Valley según la Cámara de Comercio de Silicon Valley).[18] Se llama *Silicon* por el proceso de fabricación de los microchips de *silicio* y *Valley* por el Valle de Santa Clara. El nombre "Silicon Valley" lo utilizó por primera vez el periodista Don Hoefler en 1971 para una serie de artículos publicados en la revista *Electronic News*.

Hay aproximadamente, 2000 empresas de tecnología de software, redes sociales, láser, fibra óptica, robótica e instrumentos médicos: Apple, Google, Facebook, eBay, LinkedIn, Adobe, Intel, Cisco, Netflix, Nvidia, Paypal, Oracle, Zoom, Visa, Tesla, SAP, Xerox, DuPont, etc. Entre mediados de 2020 y mediados de 2021, se crearon casi 79.000 puestos de trabajo. De los 583.300 puestos de trabajo en tecnología en Silicon Valley y San Francisco, el 38% (219.000 personas) es de alguna de las 25 empresas tecnológicas más grandes de la región: Google y Apple son los mayores empleadores, aproximadamente 7% y 6%, respectivamente, seguidos por Facebook (3%), Cisco (2%) y Amazon (2%).

Más de un tercio de las 141 empresas norteamericanas, europeas y asiáticas que alcanzaron -entre 2010 y 2015- un valor superior a 1000 millones de dólares tienen oficinas en Silicon Valley; el 61 por ciento de las empresas con centros de innovación, tiene presencia en este lugar.[19] Los emprendedores de este lugar fueron determinantes para impulsar la *Tercera Revolución Industrial,* con la invención del *microchip* y la computadora personal, que sumados a la internet posibilitan la *Cuarta Revolución Industrial* que atravesamos hoy: inteligencia artificial, drones, autos sin conductores, robótica, genética, nanotecnología, *big data*, etc. Es reconocido por atraer a los mejores ingenieros del mundo, especialmente de India y China: entre 1995 y 2005 más de la mitad de sus nuevas empresas fueron fundadas por inmigrantes. Satya Nadella y Sundar Pichai nacieron en la India y son los CEO, respectivamente, de Microsoft y Google. Sin libertad de inmigración, Silicon Valley no sería lo que es. Sin embargo, muchos políticos estadounidenses solo piensan en prohibirla o ponerle obstáculos.[20]

En la historia de este lugar, la universidad de Stanford ocupa un lugar destacado porque el primer mensaje en ARPAnet (hoy internet) se envió desde la Universidad de California a la Universidad de Stanford, en 1969. Gran parte de los conocimientos de este libro provienen de esta universidad ubicada en el corazón de Silicon Valley (Palo Alto), quizás la mejor del mundo para aprender innovación. Los profesores de Stanford (de quienes aprendí en sus clases) dan seminarios y cursos de innovación a los ejecutivos que trabajan en empresas ubicadas en Silicon Valley. En Stanford enseñan 20 Premios Nobel (al año 2023) y compite con Harvard y el M.I.T. en los mejores rankings internacionales. Es conocida por su cultura de empresas y "start-ups" y según dicen algunos "es una regla no escrita que para ser un profesor exitoso en Stanford se debe abrir una empresa"[21].

En esto tuvo mucho que ver un profesor de ingeniería, Fred Terman (1900-1982), que en la década de 1930 alentó a sus alumnos a abrir empresas de productos electrónicos. Terman llevaba a sus estudiantes a visitar empresas tecnológicas y le prestó 500 dólares a William Hewlett y David Packard –alumnos de Stanford– para empezar la empresa de computación Hewlett-Packard en 1939. A principios de la década de 1950 Terman, ya como rector de la universidad, promovió la apertura de un parque industrial (*Stanford Research Park*) y alentó a las empresas tecnológicas a instalarse allí para que colaboren con profesores y estudiantes de la universidad. Para 1960, más de 40 empresas se habían instalado en este parque. Terman tenía mucha fe en la tecnología. Por eso dijo:

Casi todo lo que uno desea hacer en este mundo de hoy es posible o se puede hacer mejor con la electrónica. Con su capacidad para controlar, amplificar y convertirse en luz, sonido o electricidad, es el sistema nervioso para nuestra civilización de las máquinas.[22]

Hoy tienen instalaciones en este parque Google, Tesla, SAP, Xerox, DuPont, etc. más de 150 empresas. Entre las empresas fundadas por profesores y alumnos de Stanford figuran Google,

Netflix, Instagram, Hewlett-Packard, eBay, Yahoo, Gap, Taiwán Semiconductor, Charles Schwab Corp., IDEO, Nike, Logitech, Tesla Motors, Cisco Systems, Sun Microsystems, Paypal y LinkedIn. Entre sus inventores están el creador del protocolo de internet, Vinton Cerf ("uno de los padres de la internet"), el inventor del primer láser (Ted Maiman), el inventor del GPS (Brad Parkinson) y el creador del programa Mozilla Firefox (Blake Ross). Un estudio de 2012 estimó que las empresas fundadas por alumnos y profesores de esta universidad generan ganancias anuales por 2.700 billones de dólares y han creado desde 1930 unos 5,4 millones de puestos de trabajo. Los egresados de esta universidad llevan creadas, aproximadamente, 40.000 empresas que si fuesen unidas en una nación independiente conformarían la *décima economía del mundo*: la del estado de California es la sexta del mundo.[23] Muchos deportistas famosos formaron parte de los equipos de Stanford, por ejemplo, el golfista Tiger Woods y el tenista John McEnroe, ambos ex número 1 del mundo. Steve Jobs dio un discurso memorable a los estudiantes de Stanford en 2005 en el cual aconsejó: "la única forma de hacer un gran trabajo es *amar lo que haces*. Si aún no lo has encontrado, sigue buscando".

En 2021 más de la mitad de las nuevas patentes de invención en California (52%) se registraron a nombre de inventores de Silicon Valley. Desde 1990, su porcentaje de patentes -sobre el total en Estados Unidos- aumentó del 4% al 12%, a pesar de tener menos de 1% de la población de este país. El número de patentes se duplicó entre 2009 y 2020, alcanzando un récord de 21.770 patentes registradas.[24] A pesar de las restricciones de la pandemia, las empresas de Silicon Valley y San Francisco alcanzaron los 14 *billones* de dólares (doce ceros) en valor de mercado mientras que el *capital de riesgo* que financia a emprendedores, alcanzó un máximo histórico de 95 mil millones de dólares en 2021 (compáraselo con los 131,8 mil millones de dólares en todo el estado de California y 272 mil millones en Estados Unidos en general).

Este capital atrajo a 230 unicornios (un unicornio es una nueva empresa con un valor de, al menos, 1000 millones de dólares). Silicon Valley es sinónimo de *creatividad* y *capital de riesgo* y por eso, algunos lo comparan con Florencia durante el Renacimiento, dado que esta ciudad italiana también tuvo estos elementos: la *creatividad* de Leonardo Da Vinci o Filippo Brunelleschi y el *capital* de los banqueros como la familia Medici. Steve Jobs idolatraba a Leonardo: "Vio la belleza en el arte y en la ingeniería y su capacidad para combinarlos lo convirtió en un genio"[25].

Las personas que trabajan en Silicon Valley y San Francisco tienen un nivel de educación (promedio) mucho más alto que el de California o Estados Unidos en su conjunto, con títulos de licenciado, master o doctor. El 39% de la población de Silicon Valley nació en el extranjero, una proporción mucho mayor que el estado de California (26%) o Estados Unidos en su conjunto (13%). Los salarios promedio son mucho más altos en Silicon Valley y San Francisco (USD 169.900 y USD 173.000 respectivamente) que en California (USD 89.200) y los Estados Unidos (USD 71.700): valores al año 2021. De los 141.000 millonarios que hay en Silicon Valley (aquellos con más de un millón de dólares en activos), se estima que 6.900 tienen más de 10 millones de dólares.[26] Por todo esto, un estudio reciente rankea a Silicon Valley como el primer ecosistema de innovación del mundo. Como dice un consultor: "Nunca tanta riqueza ha sido creada en tan poco tiempo por tan pocas personas"[27].

No obstante, los empresarios también donan millones de dólares para caridad y otros fines sociales: Silicon Valley es el hogar de casi 1.000 fundaciones que poseen un total de 72 mil millones de dólares en activos. En el año fiscal 2019-2020, los 50 principales filántropos (empresarios) donaron 225 millones de dólares, unos 43 millones más que el año anterior debido a los aumentos por parte de Cisco (+15,6 millones), Google (+6 millones), Wells Fargo (+3,6 millones) y otros. El mayor donante local entre los 50 principales filántropos corporativos para el año fiscal 2019-20 fue la fundación *Sobrato Philanthropies* (63,4 millones de dólares).[28]

Durante más de 65 años, la familia *Sobrato* ha estado desarrollando el negocio inmobiliario para empresas (ej. el antiguo *campus* de Apple, oficinas de Netflix, etc.) y comunidades familiares en Silicon Valley. También ha donado dinero a incontables proyectos sobre educación.

Uno de estos proyectos enseña inglés a niños de habla hispana (inmigrantes latinoamericanos). El empresario y fundador, John Sobrato, opina:

Realmente creo que la educación es la forma más segura de salir de la pobreza. Hemos estado muy involucrados en las escuelas. Es algo que disfruto hacer y es genial ver a estos niños avanzar.[29]

A continuación los 15 mayores donantes (empresarios), en millones de dólares.

EMPRESAS	DONACION
Sobrato Philanthropies	$ 63,4
Cisco Systems	$ 45,6
Alphabet/Google	$ 28,9
Wells Fargo Bank	$ 9,04
KLA Corp	$ 8,5
SAP	$ 8,19
Applied Materials	$ 7,34
Gilead Sciences	$ 4,89
Nvidia	$ 4,89
Intel	$ 4,58
Adobe	$ 4,52
Bank of America	$ 4,34
Silicon Valley Bank	$ 2,74
Micron Technology	$ 2,2
eBay	$ 2,1

Bill Gates los supera a todos en cantidad de millones donados pero no vive en Silicon Valley sino en Seattle, estado de Washington donde Microsoft tiene su sede principal. Por tanto, no se lo incluye en este ranking. Habiendo completado esta introducción, entramos de lleno al apasionante mundo de la innovación.

El genio es 1% inspiración y 99% transpiración.[30]

Thomas Edison

Capítulo 2

Innovación y creatividad

Es fundamental distinguir la creatividad de la innovación, dos conceptos que suelen confundirse. La innovación es una combinación de dos conceptos: i) la creatividad y ii) la implementación. Esta aclaración es importante porque se han encuestado a miles de ejecutivos y, en general, creen que creatividad es innovación. Pero innovación no es creatividad. La creatividad es solo el principio: es tener una buena idea pero si esta no se implementa no se logra la innovación. Por eso Bill Gates dice "pago un dólar por tu buena idea y un millón si puedes implementarla"[31]. La implementación es la parte más difícil. Hay quienes dicen que "faltan buenas ideas" pero los hechos demuestran que lo que escasea es la implementación. La razón por la cual muchas empresas "tropezaron" o se quedaron atrás no fue porque no tenían ideas o no conocían lo que se venía en su industria sino porque les faltó la implementación, el desarrollo de la idea.

Kodak por ejemplo sabía que la fotografía digital iba a dominar el mercado: de hecho fue un ingeniero de Kodak el que inventó la cámara digital, Steve Sasson, en 1975, mucho antes de la era digital. Mirando hacia atrás este proyecto, muchos no se daban cuenta que era la primera cámara digital del mundo, incluido Sasson.[32] Esta empresa tiene muchas patentes en fotografía digital. Sin embargo, para muchos ejecutivos de Kodak, convertirse en digital significaba terminar el negocio de los rollos de fotografía: la gallina de los huevos de oro.

Hewlett & Packard tuvo un e-reader varios años antes que el Kindle de Amazon (2007) y el *iPad* de Apple (2010). La lamparita de luz de Edison era una idea que llevaba 40 años de existencia pero fue Edison el que la implementó. En estos casos, las ideas estaban allí: era la implementación lo que hacía falta.

En una encuesta se pidió a un grupo de ejecutivos que calificaran, de 1 a 10, la habilidad de sus empresas para generar ideas (creatividad) y la habilidad para implementarlas. Los ejecutivos respondieron que sus empresas son mejores para generar ideas (puntaje promedio de 6) que para implementarlas, puntaje promedio de 1. Según los estudios, proponer ideas es común entre ejecutivos por dos razones: primero no crea ninguna tensión con el negocio de su empresa y segundo queda bien: el ejecutivo queda como un "tipo inteligente" mientras que la implementación es larga, trabajosa y exige recursos.[33]

La perseverancia es determinante

Tener algunas buenas ideas no es tan difícil como muchos creen. Si un equipo de trabajo se dedica a generar ideas diez horas por día durante una semana, eventualmente terminará generando alguna buena idea. Empero, la mayor dificultad es encontrar las personas adecuadas para hacerlas realidad y transformarla en un negocio exitoso. Por eso, profesores de mucha experiencia en el mundo de la innovación, dicen que las ideas no son escasas: lo que escasea son personas con *perseverancia, determinación y experiencia para implementarlas.*[34] Y por eso los grandes innovadores hacen más hincapié en la perseverancia que la creatividad. Steve Jobs: "Estoy convencido de que aproximadamente la mitad de lo que separa a los emprendedores exitosos de los no exitosos es pura perseverancia..."[35]. Lo que pasa con los productos innovadores es que deslumbran al verlos y eso hace que muchos olviden el esfuerzo que tomó hacerlos.

Los mejores inversores y fondos de capital de riesgo de Silicon Valley destacan la importancia de las personas por sobre las ideas a la hora de decidir a qué emprendedores prestarles dinero. ¿Porqué? Porqué si la idea es equivocada pero las personas tienen capacidad y perseverancia pueden cambiar la idea –*pivotear* según se dice en la jerga de los emprendedores– pero si las personas carecen de estas aptitudes, no hay mucho que hacer. Arthur Rock, ganó más de mil millones de dólares invirtiendo en Intel y Apple y siempre destacaba que invertía "en personas, no en ideas. Si puedes encontrar gente capaz pero equivocada en cuanto al producto, van a cambiarlo…" mientras que el inversor John Doerr del famoso fondo Kleiner Perkins que apostó por Amazon y Google siempre se fija primero en las biografías de los miembros del equipo.[36] En síntesis, hay mucha gente con ideas novedosas pero pocos con la capacidad y perseverancia para implementarlas. Emprender cosas nuevas y superar los obstáculos requiere de aptitudes que están presentes en "una pequeña fracción de la población"[37].

¿Qué es la creatividad?

A veces cuando las personas escuchan la palabra creatividad y piensan en Steve Jobs o Jeff Bezos creen que solo este tipo de personas pueden ser creativas. Pero algo que puede ayudar a perder el miedo a la creatividad, dice el profesor Robert Sutton (Stanford), es comprender en qué consiste ella. Básicamente es combinar *materiales existentes pero de nuevas maneras* o, una variante de esto, *tomar ideas que ya existen en alguna industria para crear productos en otra*. Un ejemplo de combinar cosas existentes para crear un nuevo producto son las valijas de equipaje con rueditas. La rueda existe desde aproximadamente 3500 años antes de Cristo y las valijas ya existían en el siglo 19 -en rigor eran baúles- pero no fue sino hasta 1972 que a una persona -Bernard Sadow- se le ocurrió combinarlos para hacer *valijas con ruedas*. Un día mientras cargaba con su esposa dos valijas en un aeropuerto a la vuelta de unas vacaciones de Aruba, observó a un trabajador que sin esfuerzo hacía rodar una máquina pesada sobre un patín con ruedas. Entonces le dijo a su esposa: "Eso es lo que necesitamos para el equipaje"[38].

Cuando regresó al trabajo, sacó unas ruedas de un armario, ató una correa a la valija, tiró y funcionó.

Este invento lo hizo acreedor de la patente nro. 3.653.474 pero no fue un éxito financiero. La que si fue un éxito es la valija Rollaboard, inventada en 1987 por Robert Plath, un piloto de Northwest Airlines 747 que colocó dos ruedas y un asa larga en las valijas que giraban en posición vertical, en lugar de remolcarla como el modelo de cuatro ruedas de Sadow. En pocos años, Plath había dejado de volar para fundar Travelpro International, una importante empresa de valijas. Otros fabricantes de equipaje imitaron rápidamente el modelo Rollaboard. Otro ejemplo de combinar materiales existentes para crear un nuevo producto es el biberón *Comotomo*, del cual succiona el bebé para tomar leche: el pico y el tronco están hechos de silicona, asemejando la suavidad del pecho de una madre.

Es el mejor calificado por las madres en Estados Unidos pero es solo la combinación de cosas que existen hace décadas -el biberón y la silicona- solo que a nadie se le había ocurrido fusionarlas. El economista Xavier Sala-i-Martin hizo pulverizar el *iPhone* 5S con un martillo para convertirlo en polvo: el montón más grande de polvo fue el litio (unos 30 gramos), luego quedaron 27 gramos de plástico, 20 gramos de vidrio, 16 gramos de cobre, 15 gramos de cromo, 14 gramos de aluminio, 0,00034 gramos de oro y 0,00034 de platino. Si llevara estos polvos al mercado, se podrían vender por apenas 2 dólares. Pero al combinarlos creativamente, estos materiales conforman un celular que vale más de 600 dólares.[39]

Un ejemplo de tomar ideas que ya existen en un mercado para crear productos nuevos en otro es la plastilina que viene en varios colores, esa pasta suave y maleable que los niños usan para amasar y crear figuras. En la década de 1950 Joe McVicker tenía una planta en Cincinnati que producía esta pasta para limpiar los residuos de hollín de las paredes debido a la calefacción a carbón. Pero después de la Segunda Guerra Mundial, con el paso de la calefacción de carbón a gas natural, la demanda de su producto disminuyó abruptamente. Un día su cuñada que vivía en Nueva York -Kay Zufall- pasó por la casa de

McVicker y como era maestra de jardín de infantes y siempre estaba buscando algo con que entretener a los niños, se llevó un frasco de la pasta para ver si a los niños les gustaba. También la usó para hacer pequeñas estrellas y pájaros que colgó de su árbol de Navidad. Cuando McVicker vió estas figuras colgando del árbol de Zufall, quedó impresionado de lo fácil que era moldear la pasta. Por sugerencia de Zufall, McVicker reformuló el producto poniéndole color para hacerlo más atractivo a los niños: había nacido la plastilina. Zufall y su esposo Bob le pusieron de nombre Play-Doh y con McVicker crearon uno de los productos más exitosos de todos los tiempos, vendiendo más de 2000 millones de frascos de plastilina desde 1956.[40] En 2003, la *Toy Industry Association* incluyó a la plastilina Play-Doh en su lista de los 100 juguetes más creativos del siglo.

Otro ejemplo de tomar ideas de una industria para crear productos en otra es la "válvula de plástico" de las botellas de agua que usan los deportistas para hidratarse, comenta Sutton en *Weird Ideas That Work*. Esta válvula permite que el agua no se salga y que no haga falta abrir ni cerrar la botella: el agua solo fluye si se aplica presión, es decir, solo cuando se aprieta la botella. De esta manera, el ciclista puede tomar agua con una mano y con la otra sostiene el manubrio y sigue pedaleando. La empresa IDEO (famosa consultora de innovación de Silicon Valley) tuvo el encargo de diseñar una botella de agua para *Specialized*, una importante empresa de bicicletas que además vende cascos, guantes y otros accesorios para los ciclistas. ¿Cómo hizo? Los ingenieros de IDEO obtuvieron la idea de usar la válvula al observar las válvulas cardíacas que se usan en medicina para trasplantes de corazón, algo que conocieron cuando trabajaron para una empresa de productos médicos.[41]

Cuando se la mostraron a los ejecutivos de *Specialized*, les pareció una idea nueva porque no la conocían, nunca se había vendido en la industria de las bicicletas. A veces para sorprender a un cliente y quedar como creativo solo hace falta mirar otras industrias y ver que artefactos se pueden utilizar o readaptar. Trabajar con empresas en industrias tan diferentes como la de instrumentos médicos, muebles, juguetes y computadoras le ha dado a IDEO una visión de las últimas tecnologías y entrenado para "desarrollar productos de calidad de manera rápida y eficiente"[42]. En este caso, como en el de la plastilina Play-Doh, se usó un producto de una industria para crear un producto nuevo en otra.

Revoluciones tecnológicas y científicas

Las revoluciones tecnológicas también son fruto de la combinación de cosas existentes. Un ejemplo es JAVA, el lenguaje de software de Sun Microsystems. Uno de los creadores de JAVA, James Gosling, combinó varios lenguajes de software, incluyendo Smalltalk, C ++, Cedar / Mesa y Lisp.[43] En tecnología digital, el *iPod* de Apple fue el MP3 número 13 del mercado pero Apple hizo solo la carcasa, el diseño industrial y la interfaz, ya que las demás partes existían y distintos proveedores las tenían a mano: el disco duro de Toshiba, la batería de Sony, etc. Desde el concepto hasta llegar al mercado, Apple tardó solo 8 meses. Ray Tomlinson también combinó cosas que ya existían, para crear el email con la letra @: por un lado, el código para mensajes *intra*-computadoras, por otro, el protocolo de transferencia para enviar archivos *entre*-computadoras. No le tomó mucho tiempo, "quizás dos o tres semanas poner todo junto y funcionó"[44]. El *iPod* en ¡sólo 8 meses! y el email en ¡tres semanas! Eso logra la combinación, el *secreto* de la creatividad.

Bill Gates también combinó productos que ya existían para crear el Windows. Uno de los primeros trabajos que hizo Gates con su socio Paul Allen en Microsoft fue el lenguaje de software BASIC para la computadora Altair, un lenguaje que permitió a otros escribir software. Andrew Hargadon comenta que este lenguaje surgió de versiones del BASIC (para minicomputadoras y *mainframes*) y del trabajo previo de Digital Equipment Corporation.[45] Gates adquirió el sistema operativo MS-DOS de la pequeña empresa *Seattle Computer Company* por USD 75000 mientras que el *Word* ya había sido creado en el laboratorio de Xerox PARC (Palo Alto Research Center) con el nombre de BRAVO, aunque Xerox nunca lo comercializó. Microsoft contrató a uno de los ingenieros de Xerox Parc, Charles Simonyi, quien dirigió el equipo que desarrolló el famoso *Microsoft Office*. El Excel es una derivación de

Visicalc de Software Arts y de Lotus. En síntesis, Gates combinó productos que ya existían, el BASIC, el sistema operativo MS-DOS que compró a otra empresa y el *Word* de Xerox, además del talento de Simonyi y otros programadores. Esto por supuesto, no le resta ningún mérito. Es la forma en que sucede la creatividad humana.

En cuanto a Steve Jobs y Apple, hay que recordar que el primer *mouse* y la interfaz gráfica no surgieron en esta empresa como creen muchos sino en el laboratorio de investigación Xerox Parc. Pero Steve Jobs adquirió estos inventos, los mejoró y adaptó para las computadoras Lisa (1983) y Macintosh (1984). El equipo de programadores de Apple simplificó el *mouse* hasta que tuvo un solo botón y le dio la capacidad para mover documentos y otros elementos en las pantallas, como hacemos hoy. Además Jobs ordenó a su equipo que introdujera los diferentes tipos de letras, (*Times New Roman, Calibri, Arial,* etc.) que había aprendido de sus clases de caligrafía en el Reed College.

En esa época, Bill Gates y su equipo de Microsoft hacían programas de software para Apple, con el cual tenían un acuerdo de exclusividad. Pero cuando este acuerdo expiró a finales de 1983, Gates y el equipo de Microsoft se vieron legalmente libres para usar la interfaz gráfica de Xerox en el sistema operativo que hizo mundialmente famoso a Microsoft: el Windows. Cuando Jobs acusó a Gates de plagio, este le respondió: "Bueno Steve, me parece que es como si ambos tuviésemos un vecino rico llamado Xerox y, cuando yo me colé en su casa para robar el televisor, descubrí que ya te lo habías llevado tú"[46]. A Jobs le gustaba una frase de Picasso: *los buenos artistas copian, los grandes artistas roban.*[47]

Henry Ford: la línea de ensamblaje y los mataderos de ganado

Otra revolución tecnológica muy importante de nuestra época es la *línea de ensamblaje* de Ford que hizo posible la producción en serie del automóvil reduciendo su precio hasta hacerlo accesible a personas de recursos modestos. Después se usó para crear productos en serie en otras industrias. Los ingenieros de Ford tomaron la idea de los *mataderos de vacas y chanchos* y la adaptaron a la fabricación de autos. El escritor y activista político Upton Sinclair dio a conocer en 1906 los detalles de cómo funcionaban estos mataderos, en donde cerdos y vacas entraban enteros por una punta y salían cortados en partes por la otra, mientras los trabajadores trabajaban en el mismo lugar a medida que avanzaba la línea. William Klann, jefe del departamento de ingeniería de Ford: "Si pueden matar cerdos y vacas de esa manera, podemos construir autos de esa manera"[48].

Los ingenieros de Ford también se valieron del concepto de *intercambiabilidad* de partes, que se conocía desde al menos 1801 cuando Eli Whitney presentó por primera vez diez pistolas idénticas al Congreso de Estados Unidos para el Ejército. La idea de piezas intercambiables permitió a todas las industrias reducir su dependencia de los artesanos: si todas las piezas se pueden construir para que encajen perfectamente entre ellas, ya no era necesario encargar a los artesanos nuevas piezas cada vez que una faltaba o dejaba de servir pues se tomaba otra en buenas condiciones previamente diseñada, para continuar con la producción.Ford aprendió sobre la intercambiabilidad de partes cuando se preparaba para fabricar su modelo N, el predecesor del famoso modelo T. Ahí conoció a Walter Flanders, un vendedor de máquinas y herramientas. Flanders había trabajado en *Singer Manufacturing Company*, la empresa que fabricaba las famosas máquinas de coser Singer, una de las pioneras de la intercambiabilidad.

Pocos hombres conocían de máquinas y herramientas como Flanders. Este le presentó a Ford a Max Wollering, que había trabajado como inventor de herramientas para International Harvester y para la Hoffman *Hinge and Foundry Company*. Ford contrató a Wollering como supervisor de la fábrica Ford en Highland Park (Detroit) y a Flanders como gerente de producción. Wollering y Flanders diseñaron las máquinas y herramientas –para perforar, cortar y triturar– necesarias para la producción de motores. No había nada nuevo sobre la intercambiabilidad de partes pero si era nuevo para Ford Motor porque no tenía experiencia en eso.[49]

Cuando Ford adoptó estas máquinas y técnicas ya había ingenieros y mecánicos preparados para usarlas en la industria del automóvil. La introducción de la primera línea de ensamblaje aumentó la productividad de la fábrica de Ford casi 40 por ciento el primer día y más de 400 por ciento para fin de año. Del mismo modo, en la línea de ensamblaje final, los trabajadores tardaban al principio poco menos de seis horas (350 minutos) para armar un auto pero un año después, cuando los ingenieros de Ford perfeccionaron la línea de ensamblaje, se redujo a una hora y media (93 minutos).[50] Había nacido el capitalismo moderno que mediante el aumento de la productividad y la reducción de precio posibilitó el consumo de masas.

Ford no inventó el auto como dicen muchos. En 1900 había 57 empresas que fabricaban autos en Estados Unidos: de estos, 1681 se hicieron con motor de vapor, 1575 con motor eléctrico y 936 con motor a gasolina hasta que en 1905 se estandarizó el *motor de combustión interna*.[51] El famoso modelo T de Ford es de 1908, año en que se produjeron 6000 a un precio de USD 850. Al siguiente año la producción aumentó a más del doble, 14.000 y así sucesivamente hasta que en 1914 Ford Motor produjo 230.000: durante este tiempo el precio pasó de USD 850 a USD 490. Como puede verse, la creatividad de Ford consiste en haber combinado cosas que ya existían. Por eso Ford concluye: "No inventé nada nuevo. Simplemente reuní en un automóvil los descubrimientos de otros hombres con siglos de trabajo previo"[52].

La revolución genética y las teorías de Einstein

La revolución genética también es fruto de la combinación de elementos existentes. Está impulsada por una tecnología llamada *reacción en cadena de la polimerasa*, conocida como PCR por sus siglas en inglés (*polymerase chain reaction*) descubierta por Kary Mullis en 1983. PCR es para la genética lo que la producción en serie de Ford es para la fábrica moderna, una oportunidad para que laboratorios produzcan ADN en masa para usarlos primero en sus experimentos y luego en el desarrollo y producción de organismos modificados genéticamente. La contribución crítica de la PCR como tecnología fue hacer abundante lo que alguna vez fue escaso. Pero ¿es la PCR una "invención" de la nada o una combinación? Mullis juntó "elementos que ya estaban allí"[53].Combinó técnicas existentes para hacer oligonucleótidos (fragmentos particulares de ADN) y separar unas hebras de otras por medio de la electroforesis en gel.

Para Albert Einstein, "el juego combinatorio" es la característica esencial del pensamiento creativo lo cual no sorprende porque sus ideas fueron, en alguna medida, la combinación de los aportes previos de físicos como Ernst Mach, Max Planck, Henri Poincaré y Hendrik Lorentz.[54] Una manera de ver la combinación es *como si fuera* un negocio de "importación y exportación" pues en rigor se trata de importar ideas o productos de un lugar para exportarlas a otro: "importar" la silicona y las válvulas médicas de corazones artificiales para "exportarlas" a la industria de los biberones y las botellas de agua para ciclistas; "importar" la línea del matadero de vacas y cerdos para "exportarla" a la industria del automóvil. De esta capacidad de combinar han nacido todas las grandes innovaciones, desde internet hasta el automóvil eléctrico de Tesla, que combinó la electricidad con el motor.

La intersección entre arte y tecnología

La creatividad no solo surge de la combinación de cosas existentes *sino de personas con profesiones diferentes.* Es lo que argumenta Frans Johansson en su libro el *Efecto Medici* (2004), un best-seller mundial de hace varios años. El nombre *Efecto Medici* está inspirado en la familia Medici que en el siglo 15, en Florencia (Italia), financió a escultores, científicos, poetas, filósofos, pintores y arquitectos. Esta "intersección de disciplinas, profesiones y culturas" es la combinación que hizo posible una de las épocas de mayor creatividad de la historia, el Renacimiento, con innovadores como Leonardo Da Vinci y Miguel Ángel. Los equipos diversos "pueden ser más creativos que los homogéneos"[55]. Un ejemplo de *intersección* es el equipo que diseñó la computadora *Macintosh* de Apple que según Jobs, fue hecha "por músicos, poetas, artistas, historiadores, zoólogos que además eran los mejores informáticos del mundo"[56]. Es decir, para diseñar la Macintosh de Apple, se juntaron personas con diferentes profesiones y talentos. La gente de Apple puede crear productos como el *iPad* porque siempre trata de estar en "la intersección de la *tecnología con las artes* para obtener lo mejor de ambas"[57]. Facebook es la combinación de psicología y sociología con tecnología.

Según Alan Leshner, CEO de la Asociación Americana para el Avance de la Ciencia (AAAS), la mayoría de los avances importantes "involucran múltiples disciplinas"[58]. Por ejemplo, el estudio del cambio climático requiere de científicos de diversas especialidades, químicos, oceanógrafos, físicos, ecologistas y geólogos. Esta combinación de diferentes disciplinas también se puede ver en las universidades, dónde los estudiantes combinan estudios de biología con química, geología con química, matemática-física y economía-psicología. Por eso en los *brainstorming* (reuniones para conversar ideas o "lluvia de ideas" según la traducción más común) que hacen muchas empresas se suele invitar a personas de distintas disciplinas para tener miradas y perspectivas diferentes.

La consultora Bain & Company con sede en Boston tiene consultores especializados en varias industrias (petróleo, finanzas, hospitales, empresas tecnológicas, etc.) pero una de las razones de su éxito es que hacen que sus profesionales roten y cambien de área para aprender de otras industrias. Oriet Gadiesh, una de las ejecutivas *top*, explica que está comprobado que "te vuelves mejor en tu área, cuando te animas a hacer algo distinto"[59].

La *intersección* también ocurre cuando las personas combinan culturas diferentes, como hizo la cantante Shakira que debutó en los Estados Unidos con el álbum *Laundry Service*, un éxito total. Según Johansson, la música de Shakira es "inusual incluso en su país de origen, Colombia. Su padre es libanés y sus canciones *combinaron los sonidos árabes y latinos en una mezcla única* de pop y rock diferente de todo lo que habían hecho los cantantes colombianos hasta el momento. Ella logró "tomar esta música innovadora e *intersectarla* con tonos estadounidenses"[60]. Los estudios demuestran que las personas que han sido criadas en culturas diferentes o hablan varios idiomas exhiben más creatividad que las que no tienen estas habilidades y experiencias de vida.[61]

Para lograr la intersección también se ha usado el diseño de edificios y oficinas. Por ejemplo, la sede de Manhattan de los Laboratorios Bell –donde se inventó el transistor– había quedado pequeña y se decidió abrir un nuevo edificio en New Jersey: sus directivos sabían que la creatividad se podía aumentar produciendo encuentros casuales entre los científicos de distintas áreas. Entonces diseñaron los pasillos para fomentar encuentros fortuitos entre personas con distintos talentos y especialidades.

Claude Shannon, un excéntrico teórico de la información, solía recorrer los pasillos de Bell, de más de doscientos metros de largo, montado en un monociclo y haciendo malabares con tres pelotas, una metáfora del ambiente desestructurado que se había creado en este famoso laboratorio, donde además del transistor, se crearon la tecnología láser y la telefonía celular. Años más tarde, cuando Steve Jobs diseñó la nueva sede central de Pixar (la creadora de películas animadas como *Toy Story* y *Buscando Nemo*) se obsesionó con el diseño del atrio y el lugar dónde estarían los baños porque facilitarían encuentros personales entre gente de distintas áreas y lo mismo buscó hacer en la nueva y emblemática sede de Apple, un círculo con un espacio de trabajo abierto, alrededor de un patio central.[62]

Diferentes formas de ver lo mismo

Otro aspecto de la creatividad es ver las mismas cosas de forma diferente o nueva. Los innovadores siempre están tratando de re-enmarcar su problema -dice Sutton- y a veces la solución no es inventar alguna tecnología sino, paradójicamente, *eliminarla*, removerla allí donde esté. Por ejemplo, durante aproximadamente un siglo, se creía que cuando un submarino se hundía, no se podía escapar de manera segura. Miles de marineros murieron atrapados en submarinos. Para tratar de solucionar este drama, un oficial de la marina estadounidense llamado Charles Momsen inventó un dispositivo –salvavidas con una nariz respiratoria colgando del mismo– llamado Pulmón Momsen (*Momsen Lung*). Cuando alguien quedaba atrapado en un submarino, debía ponerse este dispositivo e intentar nadar hasta la superficie.[63]

Sin embargo, al final de la Guerra Mundial, se descubrió que casi nadie podía usar el Pulmón Momsen de modo efectivo y comenzaron a investigar el problema: se dieron cuenta que si la persona no estaba a baja profundidad, lo mejor que podía hacer era abrir la escotilla y nadar a la superficie, *sin usar este dispositivo*. Esa es la forma más segura de escapar de un submarino. Pero debido a que lo habían enmarcardo como un problema que "necesitaba alguna tecnología", miles de submarinistas murieron. Este es un caso en el que la respuesta a la pregunta ¿Cuál es la mejor tecnología? es ¡ninguna tecnología! Bastaba con nadar hasta la superficie.

Otro ejemplo es el *iPod shuffle* de Apple, que mezcla y selecciona las canciones al azar, a diferencia del *iPod con pantalla*. La palabra *shuffle* significa mezclar. A este *iPod* le sacaron la pantalla que muestra los títulos de las canciones y crearon un nuevo mercado, para personas que quieren sorprenderse de la canción que viene, en vez de verla anticipadamente en su pantalla. Imaginaron la sorpresa que una persona experimenta si va manejando en su auto y no sabe que viene su canción favorita, a diferencia de cuando sabe que viene como el *iPod con pantalla*. Otro ejemplo son los restaurantes a oscuras (sin luz) donde los camareros atienden con visores nocturnos de esos que usan los soldados para combatir en la noche. En 1999, a un innovador se le ocurrió que podría haber un mercado para gente que quisiera comer a oscuras y mediante una simple modificación –apagar la luz– creó un negocio millonario: la idea consiste en privar a los comensales de la vista porque esto *intensifica otros sentidos como el gusto y el olfato*.

Además la oscuridad da lugar a situaciones divertidas, como reporta el *New York Times* en un restaurante a oscuras en Beijing, donde en una mesa de 30 comensales se escucha alguien que dice riendo: "¡Te estoy tocando la cabeza!" mientras otro pregunta "¿Quién dijo eso?".

El primer restaurante a oscuras se habría inaugurado en Zurich pero tenía intenciones menos frívolas porque su objetivo era crear empleos para las personas ciegas y discapacitadas. Cuenta con camareros totalmente ciegos que sirven comida suiza en total oscuridad y tiene reservas por semanas, a veces meses, por adelantado.[64]

En estos ejemplos no hubo, en rigor, creación de un producto nuevo pero si de un mercado nuevo para lo cual bastó una pequeña modificación de los elementos básicos del producto original: principalmente consistió en la *eliminación* de la tecnología como el Pulmón Momsen en los submarinos, la pantalla en el *iPod shuffle* o la luz en los restaurantes. Según el famoso libro *El Principito*: "La perfección no se alcanza cuando no hay nada más que añadir, sino cuando *no hay nada más que quitar*". Se puede hacer mucha creatividad simplificando productos y servicios.

Otro ejemplo son las llamadas "tarifas motivacionales" para no faltar al gimnasio y mantenerse en forma. En general los gimnasios cobran una tarifa o cuota mensual a sus miembros independientemente que concurran o no y muchos gimnasios tienen inscriptos más miembros de los que realmente pueden albergar porque mucha gente paga la tarifa pero no concure o lo hace ocasionalmente. Yifan Zhang, una graduada de Harvard, observó que esto era un costo irrecuperable, especialmente si la gente paga a principio de año.[65] Esto la motivó a crear *GymPact* en Boston que, básicamente, consiste en que los miembros pagan más *si no concurren*: una penalidad económica para los que carecen de autodisciplina para ir al gimnasio. Los miembros que se adhieren a esta forma de pago deben concurrir al menos 4 veces por semana al gimnasio y *si no lo hacen pagan una multa de 25 dólares* por cada semana que incumplan y si dejan el gimnasio 75 dólares, salvo enfermedad o lesión. De esta manera se creó un mercado nuevo para personas que buscan tener algún incentivo *externo* para no faltar al gimnasio.

Trabajo de rutina y trabajo innovador

Otro aspecto importante para comprender la creatividad -dice Sutton- es la diferencia entre trabajo *innovador* y trabajo de *rutina*. Cuando se trata del trabajo de rutina, el objetivo es eliminar los errores y las variaciones. Por ejemplo, el ex CEO de General Electric, Jack Welch, estaba obsesionado con el "Six Sigma", el régimen de control de calidad. Welch pretendía reducir las variaciones en un error cada millón de procesos repetidos. Evitar la variación y la tasa de errores es fundamental para el éxito de todas las industrias. Piénsese en la industria de la aviación o la medicina: cuando subimos a un avión o nos sometemos a una operación quirúrgica pretendemos que todo salga exactamente como se planificó. No queremos que haya *ninguna variación* porque en estos casos la variación podría ser mala. En una ocasión, un piloto de la línea Aeroflot 593 se salió de su rutina y quiso darle una lección en pleno vuelo a su hijo de 15 años. Le dio la palanca del avión y el adolescente perdió el control: terminó estrellando el avión y matando a 75 personas en 1994.[66]

Otro ejemplo para distinguir el trabajo de rutina y el trabajo innovador son las diferentes divisiones de Disney. Algunos empleados de Disney se encargan del trabajo de rutina como dirigir el parque lo cual incluye organizar la gente que espera en fila, chequear las medidas de seguridad de los juegos, la venta de boletos, servir la comida, limpieza del parque, etc. Es trabajo de rutina y el éxito depende de seguir los procedimientos al pie de la letra y repetirlos al día siguiente con la menor variación posible. Pero hay otra división llamada "Disney Imagineering" –palabra compuesta por *engineer* e *imagine* que significa ingenieros que imaginan– que se encarga de inventar nuevos juegos y atracciones para los parques de Disney.[67]

Son los que inventaron los robots animados de *Los Piratas del Caribe*, el ascensor endemoniado de la *Torre del Terror*, la montaña rusa de rock and roll Aerosmith, etc. De esta división se espera que intenten muchas cosas diferentes y que tengan una alta tasa de errores o fracasos hasta inventar un producto innovador. Las personas que trabajan en esta división –llamados los Disney *imagineers*– suelen ser vistas como personas que muchas veces tienen "malas" ideas, hasta que inventan algo genial que genera miles de millones de dólares. El punto es que la creatividad y el trabajo innovador conllevan un aumento de la variación y la tasa de errores porque solo *aumentando la cantidad de intentos,* aumenta la posibilidad de crear algo innovador.

Muchos intentos para lograr un producto innovador

La innovación requiere de muchos intentos y perseverancia ante el fracaso. Un ejemplo es el aceite llamado WD-40, que lubrica y protege contra la humedad y se vende en todo el mundo. La razón por la que lo llamaron WD-40 es que las primeras 39 fórmulas fallaron pero la 40 tuvo éxito (el nombre WD-40 significa *Water Displacement-40th Attempt*). El trabajo consistió en aumentar la variación y con eso la tasa de fracasos, hasta que descubrieron la fórmula correcta. Hoy cuando alguien compra una lata de WD-40 pretende tener exactamente lo mismo: ninguna variación en cada lata de WD-40 pero para llegar a esto, hubo muchos intentos y fracasos previos.

En la década de 1990, la consultora IDEO tenía una división de diseño de juguetes llamada *Skyline*, que ahora se llama división juvenil (*youth division*). El trabajo de esta división, integrada aproximadamente por seis personas, consistía en generar ideas para nuevos juguetes. Cuando se les ocurría una buena idea, construían un prototipo. Uno de los fundadores de esta división, Brendan Boyle, solía anotar todas las ideas generadas por el grupo en una hoja de cálculo. Su hoja del año 1998 –recuerda Sutton– tiene ¡4000 ideas! generadas para juguetes, de los cuales 230 se convirtieron en un bonito prototipo o dibujo, 12 se vendieron *pero solo 2 o 3 fueron un éxito comercial,* una tasa de éxito increíblemente baja o dicho a la inversa, una tasa de errores muy alta. Estas personas están "fallando" todo el tiempo para obtener algunos éxitos pero no se puede tener una buena idea sin tener "un montón de ideas tontas, malas o locas"[68].

Según un estudio sobre varias industrias, se necesitan unas 3000 ideas hasta llegar a unos pocos productos exitosos.[69] A James Dyson le tomó 15 años y 5127 prototipos hasta que su aspiradora sin bolsa estuvo lista para el mercado.[70] Para Arthur Fry, el inventor de los Post-it, la innovación es un juego de números: hay que pasar por 5000 a 6000 ideas malas para encontrar una para un negocio exitoso mientras que Thomas Edison repetía que no había fallado sino encontrado "10.000 maneras que no funcionan"[71]. En definitiva, la creatividad implica probar muchas veces y estar dispuesto a fallar, un proceso muy distinto a los trabajos rutinarios. Según estos ejemplos, la creatividad depende de la *cantidad* de intentos como el lubricante WD-40.

Para llegar a tener algunas obras geniales, Picasso produjo 20.000 obras artísticas.[72] Para llegar a algunos artículos que revolucionaron la física moderna, Einstein escribió más de 240. Para llegar a tener 1039 patentes de invención, Edison se forzaba a crear un invento pequeño cada 10 días y un gran invento cada 6 meses.[73] Dean K. Simonton, autor de *Orígenes del genio*, ha estudiado a genios como Mozart, Shakespeare, Picasso, Einstein y Darwin y concluye que su genialidad proviene de la gran *cantidad* y *variedad* de ideas y obras que producían. El mejor predictor que alguien recibirá un premio por su creatividad, por ejemplo, el Premio Nobel, es la cantidad de trabajos científicos que haya publicado.[74] La genialidad y las innovaciones son pues fruto del esfuerzo y la perseverancia.

El fracaso no existe

En Silicon Valley existe la filosofía que el fracaso en los negocios —y en especial si es para innovar–, no es un problema porque el éxito requiere generalmente, de varios intentos. Son pocos los que triunfan en su primer intento. Según Jobs, la penalidad por tratar de iniciar una empresa en Silicon Valley, "no existe"[75]. Es uno de los pocos lugares en el mundo donde haber fracasado en un negocio es un "honor" porque significa que al menos se intentó. De hecho, hay fondos de inversión que se rehúsan a prestarle a quienes no tengan ningún fracaso porque entienden que este forja el carácter y aporta experiencia para el próximo intento: los estudios demuestran que los emprendedores que fracasaron, tienen 20% más de probabilidad de triunfar en su próximo intento, que aquellos que son primerizos.[76]

En cambio, en otras partes del mundo (ej. Europa y Japón) el fracaso se penaliza más duramente. La ley alemana por ejemplo no permite a nadie que se haya declarado en quiebra (bancarrota) convertirse en CEO de una empresa. En Israel ocurre lo contrario: tiene una de las leyes de quiebra más benévolas. Es uno de los países más fáciles para iniciar una empresa después de fracasar en otra. Este contraste entre los incentivos que tienen los diferentes lugares o países es determinante para impulsar la innovación.

Hay algunas empresas que ofrecen incentivos para innovar pero en general esta no es la regla. Los profesores Gina O'Connor y Christopher M. McDermott hicieron un estudio sobre diez empresas durante seis años y descubrieron que la falta de innovación es porque tenían incentivos *equivocados*: fuertes penalidades por fracasar para los empleados, en vez de ofrecer fuertes recompensas por hacer algo creativo.[77] Hay empleados con buenas ideas, que no quieren pedir a los jefes de su empresa que destinen recursos a investigación o fabricar un prototipo, por miedo a que los echen o sancionen si no resulta exitoso. En empresas con esta filosofía, la innovación es casi imposible. Una *alta tolerancia al fracaso* es un rasgo imprescindible para una empresa que pretende innovar.

El proceso creativo

El cerebro es una "memoria inteligente" que registra absolutamente todo lo que nos pasa en la vida, lo que leemos, vemos o nos cuentan, almacenándolo en lo que algunos científicos llaman "cajones mentales"[78]. Según los estudios, las mejores ideas surgen cuanto estamos relajados porque en este estado los cajones *combinan* la información almacenada con más facilidad. Muchas veces surgen en lugares como la ducha o la playa. En cambio, cuando el cerebro está concentrado en una tarea específica o estresado por terminar algo, la capacidad para combinar disminuye significativamente. Un estudio de Teresa Amabile (Harvard) sobre 177 empleados y 7 empresas descubrió que las personas son *menos creativas* cuando están bajo presión.[79]

Por eso, muchas empresas les dan a sus empleados espacios relajados (salas con mesas de ping pong o metegol) para facilitar la creatividad. En Corning por ejemplo la jefa del grupo de investigación (Lina Echeverría) creó hace más de una década un "cuarto de creatividad" (*creativity room*) donde los empleados pueden hablar de cualquier cosa con el fin de facilitar la combinación de ideas o cosas.[80] Corning es una empresa con 150 años de historia: fabricó el vidrio para las bombillas de luz de Edison y las cacerolas de cristal *Pyrex* que pueden sacarse del *freezer* y calentarse en el horno sin quebrarse, entre otros productos innovadores.

Dado que la creatividad funciona mejor relajado que con stress y nervios, lo peor para ella son las críticas, las propias y las ajenas, porque estas tensionan y condicionan a las personas. Cuando se quiere generar ideas, lo mejor es poner en pausa las *actividades de crítica y juzgamiento*, algo difícil dado que la escuela, los padres y la sociedad nos educan para juzgar constantemente que es lo bueno o malo. Pero para la creatividad la crítica y el juzgamiento son negativos, actúan como inhibidores. Cuando se llega a un obstáculo o bloqueo (denominado *impasse*) es aconsejable no insistir en el tema sino dejarlo estar, cambiar de tarea por unas horas o unos días. Mientras tanto, el cerebro continúa pensando en un proceso que se llama *período de incubación* hasta que, súbitamente, el subconsciente envía la solución o muestra una manera más efectiva de encarar el problema.

Este no es un libro sobre técnicas de creatividad pero cabe mencionar algunas. La más común es el *brainstorming*, traducido generalmente como reunión para generar una *lluvia de ideas* (la palabra *brainstorming* significa "tormenta de los cerebros"). Los consejos de expertos para tener un buen *brainstorming* son "argumentar como si estuvieras en lo correcto pero escuchar como si estuvieras equivocado" y no criticar cuando se están generando las ideas porque, según dijimos, inhibe la creatividad, la propia y la de colegas. También está la técnica *Scamper* cuyas letras significan *Sustituir, combinar, adaptar, modificar, poner otro elemento, eliminar y reordenar*. Es una regla nemotécnica para recordar varias alternativas. Por ejemplo, si un líder de un equipo quiere crear un ambiente donde haya más colaboración, podría *Sustituir* la persona de su equipo que actúa de modo egoísta o directamente *eliminarla* del equipo.

La creatividad no es solo una exigencia del competitivo mercado global de trabajo sino de la vida en general. Los estudios dicen que todas las personas necesitan de creatividad en su vida, desde el ama de casa que se las ingenia para darle de comer a tres hijos con solo dos huevos y entonces hace un *omelette* y lo sirve con sobras del día anterior, hasta el empleado de una fundación de caridad que debe ingeniársela para convencer a otros de donar dinero. Un estudio de Mark Beeman (Universidad de Northwestern) descubrió que el 40% de las veces, las personas resuelven problemas de manera lógica pero el 60% lo hace mediante *insights* creativos, una experiencia en un tiempo y lugar inusual como la ducha o cuando manejan el auto y escuchan música.[81]

En conclusión, la creatividad es la combinación de elementos preexistentes para terminar en nuevas síntesis. Como dice E. H. Gombrich -historiador de arte- la gente no "tiene ideas repentinas sino que las arma y *combina* con lo que ya conoce"[82]. En inglés la expresión *think outside the box* significa "pensar fuera de la caja" como sinónimo de alguien que es creativo. Pero en rigor es inexacta pues los ejemplos que vimos nos muestran que cuando alguien piensa "fuera de su caja" no lo hace en la *nada* sino *en otras cajas*, en otras industrias de dónde sacar ideas y materiales para combinar. En 1910, los ingenieros de Ford parecían que estaban pensando *fuera de sus cajas* pero en rigor, solo lo hacían "en cajas diferentes" (mataderos de vacas y cerdos).[83]

Y es que no podría ser de otra manera porque el ser humano, para crear algo, *siempre parte de alguna materia*: no puede crear algo de la *nada*, como hace Dios o alguna entidad superior al ser humano. Para que un labortarorio genere un ser vivo (persona o animal) necesita la materia genética de otro y técnicas como la fecundación *in vitro*, clonación, etc. El ser humano no puede crear oxígeno de la nada. La NASA quiere llevar oxígeno a Marte para hacerlo habitable y está construyendo un aparato para producirlo allí, el *Mars Oxigen In Situ Experiment* (Moxie). Pero para lograrlo debe combinar el dióxido de carbono que hay en Marte con este aparato.[84] Por eso, la teología usa la expresión creación *a partir de la materia* para las creaciones humanas (*creatio ex materia*) y creación *de la nada* para referirse a la creación de Dios (*creatio ex nihilo*). Gran parte del trabajo de un equipo que pretende innovar es pues buscar la combinación de ideas, materiales, productos, disciplinas o culturas, como el piloto que combinó las valijas con ruedas o los músicos, historiadores, zoólogos e ingenieros informáticos que crearon la Macintosh de Apple.

> Si puedes aumentar el número de experimentos, podrás aumentar el número de innovaciones.[85]
>
> **Jeff Bezos**

Capítulo 3

El capitalismo emprendedor y las habilidades de los innovadores

Los *emprendedores* son los principales protagonistas de la innovación. Inician empresas contra viento y marea y muchas veces con poco capital. Muchos de estos emprendedores inventan tecnologías o productos que revolucionan la vida de las personas. El emprendedorismo es un estilo de management y liderazgo que implica perseguir una oportunidad de negocios, *con independencia de los recursos que se tengan*, según la definición de Howard H. Stevenson (profesor de Harvard). A veces se olvida que es gente como Bill Gates que empezó en 1978 a los 18 años de edad con un pequeño grupo de programadores o Steve Jobs que empezó Apple en el *garage* de la casa de sus padres: en 1976 Jobs vendió su auto Volkswagen y Wozniak su calculadora Hewlett Packard, juntando 1300 dólares para iniciar Apple.[86] Bezos comenzó Amazon en 1994 con 50.000 dólares de ahorros suyos y más tarde sus padres pusieron 250.000 dólares más.

¿Por qué hoy se habla tanto de los emprendedores? En primer lugar por el resurgimiento del *capitalismo emprendedor*. Hasta fines de la década de 1970 se creía que las pequeñas empresas jamás cumplirían un papel importante debido a que eran menos eficientes que las grandes, entre otras razones. Incluso se creía que llegaría un día con predominio mundial de empresas multinacionales. El economista John Kenneth Galbraith difundía su teoría de los "poderes compensadores" según la cual el poder de empresas grandes debía ser compensado por "sindicatos grandes" y "estados grandes". Sin embargo, en las últimas décadas ocurrió lo contrario: las pequeñas empresas estadounidenses producían solo 20% de las ventas de productos manufacturados en 1976 pero para 1986 la cifra había aumentado a más del 25%.[87] El profesor de negocios Steven Rogers señala: "En la década de 1960, 1 de cada 4 personas en Estados Unidos trabajaban para una empresa *Fortune 500*. Hoy solo 1 de cada 14 personas trabaja para estas empresas. El empleo en empresas *Fortune 500* alcanzó un máximo de 16,5 millones de personas en 1979 y ha disminuido constantemente cada año hasta, aproximadamente, 10,5 millones de personas en la actualidad"[88].

Algo similar ocurrió en Europa. El empleo en pequeñas empresas también aumentó: en Holanda creció de 68,3% del total de empleo industrial en 1978 a 71,8% en 1986; en Reino Unido creció de 30,7% en 1979 a 39,9% en 1986 y en Alemania de 54,8% en 1970 a 57,9% en 1987 y así otros países europeos. Esto ha creado un nuevo "modelo" de capitalismo que los investigadores denominan "emprendedor", reemplazando al modelo "gerenciador" de las grandes empresas. Muchos de los emprendedores más innovadores de nuestro tiempo provienen de Estados Unidos, país del *capitalismo emprendedor*: Steve Jobs, Bill Gates, Jeff Bezos, Mark Zuckerbeg, Elon Musk, etc. Uno de diez adultos en Estados Unidos inició o gerenció un emprendimiento entre 1999 y 2011.[89]

En segundo lugar, los medios exaltan a los emprendedores que innovan por sus características únicas: su gran *perseverancia*, su *conocimiento*, *visión* y especialmente porque son la *amenaza* de las grandes empresas pues a veces inventan tecnologías y productos novedosos, como la computadora personal de Apple que compitió con IBM en las décadas de 1970 y 1980 cuando Apple era una empresa pequeña o Amazon que destronó a las grandes editoriales y los shoppings en cantidad de ventas. Estos son los nuevos héroes modernos, personajes mediáticos que muchas veces llevan adelante (especialmente cuando comienzan) peleas al estilo del "pequeño David contra el gigante Goliat". Cuando Amazon y Apple comenzaron competían contra las grandes empresas, antes de convertirse ellas en grandes.

Schumpeter advirtió sobre la existencia de una "destrucción creativa" porque las nuevas tecnologías destruyen empresas grandes pero crean nuevas, revolucionando la estructura de la economía. A principios del siglo 20, el auto reemplazó los carros a caballo y a mediados de la década de 1970 la computadora personal reemplazó la máquina de escribir. Hoy esta destrucción es aún más intensa: la vida promedio de una gran empresa en el Standard & Poors 500 se redujo de 35 años en 1975 a menos de 20 años hoy, en promedio. De las 25 empresas tecnológicas que estaban en el *Top* del ranking 30 años atrás, hoy quedan pocas (menos de 4) que continúan siendo líderes.[90]

Conocimiento, visión y capital para emprendedores

El *conocimiento* que poseen muchos emprendedores es el factor más importante para innovar, en vez de los recursos naturales: a principios del siglo 20, el hombre más rico del mundo, Rockefeller, se enriqueció con petróleo (Standard Oil) pero hoy el más rico, Bezos o Gates, se enriquece en base a conocimiento. Los analistas estiman que el mercado de la propiedad intelectual es de 100 mil millones de dólares al año. En IBM, las patentes y licencias representan, aproximadamente, el 15% de sus ganancias.[91]

Según la consultora Ocean Tomo (experta en propiedad intelectual), en 2020 las patentes y programas de software, marketing y empleados altamente capacitados (activos intangibles) representaron, aproximadamente, el 90% de los activos de empresas como Microsoft, Intel o Amgen cuando en el año 1975 apenas llegaban al 17% (las empresas analizadas para este estudio son las 500 que componen el índice bursátil Standard & Poors 500 en Estados Unidos y los activos intangibles se calculan restando el valor del activo tangible de la capitalización de mercado).[92]

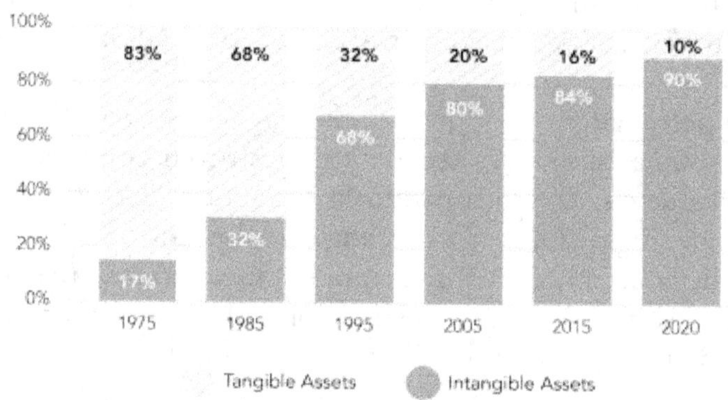

¿Y Europa? Analizaron el índice *S&P Europe 350* que comprende 350 empresas líderes de 16 países europeos. El resultado es que Europa sigue siendo la segunda economía -después de Estados Unidos- en cantidad de activos intangibles, todavía muy por delante de los principales mercados asiáticos.

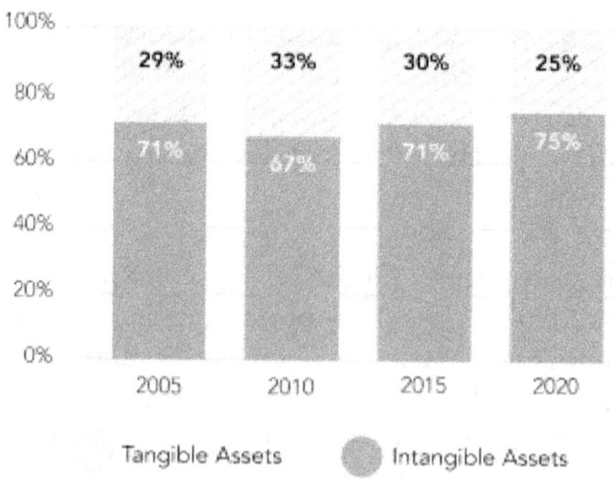

Fuente: Ocean Tomo LLc (www.oceantomo.com).

El 92% de los emprendedores tecnológicos encuestados por la Fundación Kauffman tiene un título universitario, 31% posee un master y 10% un doctorado.[93] Robert Noyce (Intel), el inventor del *chip*, era doctor en física del M.I.T; Larry Page (Google) master en ciencias de la computación de Stanford; Jeff Bezos (Amazon) ingeniero eléctrico y computación de Princeton y Mark Zuckerberg (Facebook) estudió psicología y computación en Harvard. ¿Y Steve Jobs? Nunca obtuvo un título universitario pero lo tenía a su socio, Wozniak, que era ingeniero en computación, además de rodearse de muchos programadores talentosos como Bill Atkinson. Que la idea genial aparezca en un momento de relajación u ondas *alfa* o *gamma*, como dicen los estudiosos de la creatividad, no significa que no haya sido necesario el conocimiento y una buena educación.

El conocimiento es el "precio de entrada al juego de la creatividad"[94]. ¿Cómo puede alguien pretender revolucionar la industria de la computación si no sabe un montón sobre software? El conocimiento es -junto a la libertad económica- la clave de la prosperidad económica de las naciones. Einstein lo profetizó:

En el futuro solamente serán exitosos *los pueblos que entiendan como generar conocimientos* y cómo protegerlos (…) Las otras naciones se quedarán con litorales hermosos, con iglesias, con minas…pero probablemente no se queden ni con las mismas banderas ni con las mismas fronteras. Y mucho menos con capacidad económica.[95]

Estos emprendedores también fascinan porque tienen *visión*. Una visión es una mirada informada de largo plazo sobre el destino de la empresa y la industria. Cuando Bill Gates empezó a programar en la década de 1970 los aficionados a la computación intercambiaban y compraban *hardware*, las partes duras de la computadora. Gates recuerda:

La industria del *software* no existía como tal. Tuvimos la intuición de que podíamos crearla. Y lo hicimos. Es la idea más importante que he tenido en mi vida.[96]

Mark Zuckerberg, hijo de un dentista, rechazó en 2005 una oferta de 800 millones de dólares de Viacom (MTV) para vender Facebook y en 2006 una oferta de 1000 millones de dólares de Yahoo, para hacer realidad su visión de crear una red mundial de personas y amigos con Facebook. En 2004 cuando recién había empezado Facebook y con solo 20 años de edad, rechazó una oferta de 10 millones de dólares de un inversor de Manhattan para ir a California. Con dos amigos, sin auto, sin dinero y sin conexiones financieras se propuso expandir Facebook. Zuckerberg quería cambiar el mundo, algo distinto al sueño popular de hacerse millonario. Zuckerberg: "No necesito realmente el dinero. Además no creo que vuelva a tener una idea tan buena"[97].

¿Dónde consiguen el capital los emprendedores? Aproximadamente, el 75% de los emprendimientos se inician con fondos propios, de amigos o familia de los emprendedores (*bootstrapped*, *self-financed*). Las sumas de 10.000 a 1 millón de dólares las consiguen de los llamados "ángeles" (inversores individuales).[98] Por ejemplo, Mike Markkula fue el ángel inversor de Apple cuando esta empresa tenía solo 8 empleados y funcionaba en el *garage* de la casa de los padres de Steve Jobs. Markkula invirtió 91.000 dólares en efectivo y abrió una línea de crédito por 250.000. Los ángeles invierten en más de 50.000 emprendimientos por año en Estados Unidos.

Los fondos de capital de riesgo (*venture capital firms*) financian de 1 a 20 millones de dólares. Las empresas financiadas por estos fondos conforman hoy casi el 20% del PBI de Estados Unidos.[99] Por ejemplo, Amazon consiguió 8 millones de dólares de estos fondos y 54 millones de la oferta pública de acciones de 1997. Estos fondos reciben alrededor de 2000 planes de negocio al año pidiendo dinero e invierten en más de 5000 emprendimientos por año en Estados Unidos. Las grandes empresas (*corporations*) invierten de 5 a 50 millones de dólares en emprendimientos: Intel ha invertido en 1100 emprendimientos, un total de 7900 millones de dólares para impulsar la demanda de sus *chips*.

Otra fuente es el *crowdsourcing* como AngelList o Kickstarter, sitios en internet donde los emprendedores postean sus inventos o proyectos y donde inversores buscan oportunidades. AngelList creció de 1500 empresas en 2010 a 38.000 en 2012. Kickstarter aumentó de 28 millones de dólares en 2010 a 320 millones de dólares en 2012. Muchos emprendedores de Latinoamérica suelen ir a Silicon Valley para conseguir capital. Por ejemplo, el venezolano Andrés Moreno, fundador de *Open English*, el sitio para aprender inglés en línea, se dió cuenta muy pronto que conseguir fondos en Latinoamérica era muy desafiante, porque no había "una gran cultura de venture capital allí"[100]. Moreno logró juntar 120 millones de dólares en *capital de riesgo* pero para ello tuvo que emigrar. A Latinoamérica le falta capital de riesgo: en 2020 era de apenas 4000 millones de dólares mientras en Estados Unidos era de 130.000 millones de dólares, según algunos estudios.[101]

Las habilidades creativas de los innovadores

La gran pregunta que se hacen muchos emprendedores, especialmente jóvenes que sueñan con ser el próximo Steve Jobs o Elon Musk (Tesla) es ¿Cómo hacen estos titanes de la innovación para encontrar ideas y oportunidades de negocio? Profesores de las universidades de Harvard, M.I.T y Pennsylvania se pusieron a investigar esto hace algunos años. Entrevistaron y evaluaron unos 80 innovadores y 400 ejecutivos, entre ellos Jeff Bezos, Steve Jobs, Pierre Omidyar y Howard Schultz. Su idea era preguntarles ¿Cómo se les ocurrió su gran idea? ¿Cómo encontraron su gran oportunidad?, ¿Tienen alguna habilidad particular que los ayude a tener buenas ideas? Estos profesores (Jeffrey Dyer, Hal Gregersen y Clayton Christensen) publicaron su estudio en 2008 ("Entrepreuners Behaviours, Opportunity Recognition, and the Origins of Innovative Ventures") y además un libro, *The Innovator´s DNA* (2011).

Lo primero que descubrieron es que las personas como Jobs o Bezos son buenos para el *pensamiento asociativo*, también *llamado pensamiento lateral* que consiste en *combinar* cosas o ideas que, a primera vista, no parece lógico combinar. Un ejemplo es la conexión que Jobs hizo entre la caligrafía y la computación lo que hoy nos permite optar por diferentes tipos de letras al escribir en nuestras computadoras como *Times New Roman, Courier, Arial,* etc. Jobs recuerda:

Reed College en ese momento ofrecía tal vez la mejor instrucción de caligrafía en el país. En todo el campus cada cartel, cada etiqueta y cada cajón, estaba bellamente caligrafiado a mano. Como me había salido de las clases normales, decidí tomar un curso de caligrafía. Aprendí sobre tipografías *serif* y *san serif* [Times New Roman, Arial, Courier, Helvetica, etc.], variando la cantidad de espacio entre diferentes combinaciones de letras, todo lo que hace a una tipografía genial. Nada de esto tenía la esperanza de alguna aplicación práctica en mi vida. Pero 10 años después, cuando estábamos diseñando la primera computadora Macintosh, todo volvió a mí. Y lo diseñamos para la Mac. Era la primera computadora con hermosa tipografía. Si no hubiera tomado ese curso, la Mac nunca hubiera tenido múltiples tipografías ni fuentes proporcionalmente espaciadas. Y ya que Windows copió la Mac, es probable que ninguna computadora personal los hubiera tenido.[102]

Por eso Jobs dice que la creatividad es conectar cosas. Cuando preguntas a las personas creativas cómo hicieron algo, "se sienten un poco culpables porque realmente no lo hicieron, solo vieron algo. Les parecía obvio después de un tiempo…"[103]. Otro ejemplo es Niklas Zennstrom, inventor de *Skype*, que aconseja pasar tiempo "viendo y combinando ciertas cosas que no están, aparentemente, relacionadas"[104]. Como puede verse, volvemos a la noción de combinación en que consiste la creatividad.

El estudio descubrió que los innovadores ponen en acción ciertos comportamientos que se llaman *habilidades creativas* que se diferencian de las *habilidades ejecutivas*.[105] Las ejecutivas son analizar, planificar, implementar al detalle y auto-disciplina para trabajar largas horas. Son las habilidades que tienen muchos ejecutivos y empleados de empresas. En cambio, las *habilidades creativas* son cuestionar, observar, experimentar *y networking* (más abajo las explicamos). Según el estudio, los innovadores pasan *un 50% más de su tiempo* cuestionando, observando, experimentando y haciendo *networking*, que ejecutivos que no hicieron ninguna innovación: esto significa *casi un día más por semana* que los que solo usan las habilidades ejecutivas.[106] ¿Por qué hacen estas cuatro cosas con más frecuencia que otros?

La respuesta es que "tienen coraje para innovar". También encontraron que las *habilidades creativas* están significativamente correlacionadas con el inicio de negocios innovadores y que están correlacionadas entre sí, lo que sugiere que una persona que pone en práctica alguna de estas habilidades creativas –por ejemplo *observar*– es probable también ponga en práctica otras habilidades como *cuestionar* o *experimentar*.

Finalmente, el estudio descubrió que estos innovadores quieren *cambiar el mundo*. Zennstrom (Skype) señala: "prospero cambiando el *status quo*; es lo que me motiva. Definitivamente quiero *cambiar el mundo*. Se trata de hacer que el mundo sea un lugar mejor". Steve Jobs: "estamos aquí para ponerle una marca al universo. ¿De lo contrario para que estar aquí?"[107]. Hay una gran cantidad de estudios que dice que la mayoría de las personas prefieren el estado actual de las cosas (se llama sesgo del *status quo*). Pero los innovadores tienen un sesgo anti-*status quo*, una pasión por ir en contra de lo establecido o conocido. A continuación, comento ejemplos de estas hablidades creativas: cuestionar, observar, experimentar y *networking*. Cito las palabras de famosos innovadores porque describen con exactitud su manera de razonar.

Cuestionar

Einstein y gran parte de los filósofos sostienen que lo importante es hacer la pregunta correcta y no dejar de cuestionarse. Einstein: "Si solo hubiese tenido la pregunta correcta…"[108]. Pues bien, Jobs se preguntó: "¿Por qué no hay un dispositivo en medio de la computadora y el celular? y ¿Qué tal si construimos uno?"[109]. De estas preguntas surgió el *iPad*. Otro caso es el de Ratan Tata, del grupo Tata

(India). Para él, hay que "cuestionar lo incuestionable" y así lo hizo cuando vió una familia india (padre, madre e hijo), mojándose bajo la lluvia mientras iban montados en una moto.

Tata se preguntó: "¿Por qué esta familia no puede tener un auto y evitar mojarse?"[110]. Su pasión por resolver este problema lo motivó a fabricar el auto más barato del mundo, el NANO (USD 2000 dólares en 2009). Otro ejemplo que comenta el estudio es el de Marc Benioff, fundador de *Salesforce* que hoy vende software a través de internet – servicios en la nube– y en 2016 tuvo ventas por 6200 millones de dólares. Benioff cuenta que estaba nadando con los delfines en Hawaii y se preguntó: "¿Por qué todas las aplicaciones para software no están hechas para Amazon y eBay?, ¿Por qué seguimos descargando y actualizando software de la misma manera cuando ahora tenemos internet? Fue un avance fundamental el hacerme esas preguntas. Esa es la génesis de *Salesforce*..."[111].

Hay que tener presente que *preguntar* y *cuestionar* no es tan común entre adultos pero si entre niños. Muchos tienen miedo de cuestionar el *status quo*, lo establecido o bendecido por la sociedad. Es el miedo a ir contra lo que piensa la mayoría, como si esta poseyera la verdad. El filósofo Ortega y Gasset lo explica: "¿Se adopta la decisión de ocho individuos en contra de la de dos? ¡Grave error! Entre ocho caben verosímilmente más necios que entre dos"[112]. Este miedo puede verse al final de conferencias o reuniones de trabajo cuando el conferencista o jefe pregunta: "¿Alguna duda?". Y nadie quiere preguntar por temor a revelar que no entendió. Esta inhibición comienza cuando estamos en la escuela primaria: no queremos ser vistos como tontos por nuestros compañeros o el maestro y por eso es más seguro quedarse callado.

El jefe de innovación de Google, Frederik Pferdt, destaca la diferencia entre la cantidad de preguntas que hacemos como niños y como adultos y comenta que su hijo mayor hace probablemente, "unas 140 preguntas al día. Pero como adultos, tal vez hacemos 2 a 4 preguntas por día"[113]. Warren Berger comenta que la pregunta que dio lugar a la invención de la cámara fotográfica instantánea Polaroid vino de la hija de cuatro años del fundador de Polaroid que preguntó "Papá ¿por qué tenemos que esperar la imagen?". Pierre Omidyar (eBay) explica: "Siempre presento mis cuestionamientos diciendo *no quiero ser el tipo que hace preguntas tontas sobre porqué las cosas son como son*'" y de esa manera relaja la tensión del ambiente para que surjan los cuestionamientos.[114] Esto es fundamental para algo que veremos después, la "seguridad psicológica", que es la actitud ideal para crear un ambiente relajado, donde la gente se sienta cómoda siendo ella misma y cuestionando lo que se da por bueno o sabido.

Observar

La segunda habilidad de los innovadores es la simple *observación* aunque se combina con cuestionar. Mediante la observación el fundador de Starbucks, Howard Schultz, descubrió el café *latte*, uno de los productos más exitosos de esta empresa. Durante un viaje a Milán para asistir a una feria internacional de artículos para el hogar, Schultz decidió ir a pie a la feria, que estaba a 15 minutos de su hotel. Ahí fue cuando descubrió los bares de café *espresso*. Ingresó a uno para mirar y tomarse un *espresso*. Más tarde pasó por otro y notó que el hombre detrás del mostrador *saludaba a cada cliente por su nombre*. El hombre y los clientes se estaban riendo, hablando y disfrutando el momento. Schultz dice que estos bares ofrecían confort y un sentido de familia extendida. Siguió caminando por las calles de Milán para observar más bares de *espresso* y de pronto tuvo una revelación:

Starbucks vendía buen café en granos pero no servía café en taza. Si podíamos recrear en Estados Unidos la auténtica cultura italiana del café, podría funcionar con otros estadounidenses como lo hizo conmigo (…) Una mañana tomé un tren a Verona. Sus cafeterías eran muy parecidas a las de Milán y en una, imité a alguien y ordené un café *latte*. De todos los expertos en café que había conocido, ninguno me había mencionado este trago (café *latte*). Nadie en Estados Unidos sabía de esto y pensé *Lo tengo que llevar allá*.[115]

El estudio dice que aquellos que viven al menos 3 meses en un país extranjero son 35% más proclives a iniciar un emprendimiento novedoso o inventar un producto innovador.[116] Al viajar o vivir en el extranjero observan otras costumbres e inventos que luego pueden llevar a su país y combinarlos con alguna otra innovación, como hizo Schultz. Otro ejemplo de *observación* es el que hizo Jeff Bezos, el fundador de Amazon, cuando trabajaba en otra empresa en 1994. Un día estaba leyendo un sitio que decía que Internet estaba creciendo a 2300 por ciento por año. Bezos recuerda:

> Fue el llamado a despertarme. Tienes que tener presente que los seres humanos no somos muy buenos para entender el crecimiento exponencial. No es algo que veamos todos los días de nuestra vida.[117]

Scott Cook es el fundador de Intuit, la empresa que hace software para la contabilidad y los impuestos de pequeñas empresas, muy usado por los dueños de empresas familiares en Estados Unidos. Cook combinó el software con la contabilidad y esto fue producto de observar los problemas que tenía su esposa que era contadora. Ella se quejaba de la pérdida de tiempo y lo complicado que era llevar la contabilidad de sus clientes. Fue "esta observación, combinado con el entendimiento de lo que las computadoras podían hacer, lo que me hizo iniciar mi empresa, Intuit"[118]. Muchos productos de esta empresa surgen al ver como los clientes tratan con problemas prácticos. Cook recuerda que un amigo que trabajaba en Apple le había mostrado las aplicaciones de la computadora LISA, antes de ponerse a la venta. Estaba tan entusiasmado con estas aplicaciones que dejó la sede de Apple y condujo hasta el restaurante más cercano para sentarse con un block de papel y escribir las ideas que había observado.

Según Tom Kelley (IDEO) el rol del antropólogo es "la mejor fuente de innovación en IDEO" porque los antropólogos han desarrollado técnicas para observar a los seres humanos en su hábitat natural y aprender de sus comportamientos.[119] Cuando Procter & Gamble (P&G) le pidió a IDEO diseñar nuevos cepillos de dientes para niños, el equipo de IDEO respondió que primero necesitaba observarlos cepillándose los dientes. Los ejecutivos de P&G pensaron que esta era una petición extraña. "¿Acaso no saben cómo los niños se cepillan los dientes?"[120]. Pero los diseñadores de IDEO necesitaban ver cómo los niños agarran sus cepillos y no querían hacer suposiciones. Descubrieron que los niños no tienen las habilidades motoras de los adultos para manipular los cepillos. Entonces pensaron: "¿Qué pasa si agrandamos el cepillo de dientes de los niños?". La forma en que estos sostienen el cepillo es totalmente diferente a la de los adultos. Los adultos tienen mayor destreza en sus manos y tienden a usar los dedos para manipular el cepillo de dientes, mientras los niños agarran el cepillo con la palma de la mano, cerrando el puño. Después de observar lo que hacían los niños, IDEO diseñó el cepillo Oral-B Kids que fue un éxito mundial de ventas.

Experimentar

De todas las habilidades creativas, el estudio descubrió que la *experimentación* es la habilidad que más distingue a los innovadores. Gordon Moore, el cofundador de Intel, explica que la mayoría de lo que aprendió fue "por prueba y error" y Bezos señala que los experimentos son clave para la innovación porque "rara vez salen como esperas y aprendes mucho"[121]. En Amazon se permite a los empleados hacer experimentos. Tienen un proceso llamado trabajar hacia atrás (*working backwards*). Lo que hacen es permitir que cualquier empleado escriba un documento de seis páginas. El documento comienza con un comunicado de prensa que publica un nuevo producto o servicio y explica las razones por las que es grandioso. Incluye algunas preguntas frecuentes y, por lo general, un prototipo. Luego se lo presentan a sus jefes para ver si alguien está dispuesto a invertir recursos para desarrollarlo.

Recordemos que al principio, Bezos vió que la internet era el vehículo ideal para ofrecer un catálogo de libros en línea. Por eso al lanzar Amazon.com, la llamó "La librería más grande de la Tierra". Amazon ofreció la mayor selección de libros, sin haber realizado ninguna inversión en tiendas, almacenes o inventario (el mayorista

Ingram almacenaba y enviaba los libros). Pero Bezos tuvo sueños más grandes que simplemente vender libros. Incluso antes que Amazon fuera rentable, vio la oportunidad para que la empresa vendiera otros productos, desde televisores a juguetes. Así que hizo una apuesta muy arriesgada. Decidió construir una serie de almacenes de 850.000 pies cuadrados en todo el país: originalmente funcionaban al 10 por ciento de su capacidad. Hoy Amazon se posiciona como el líder de ventas *on line*, con múltiples líneas de productos.[122]

En 2007 Amazon lanzó la tableta Kindle, que llegó a acaparar el 90 por ciento del mercado. Hoy alquila almacenamiento de datos y potencia informática mediante servicios en la nube, compitiendo con gigantes de la informática como IBM. Según algunos estudios, el 25 por ciento de las pequeñas y medianas empresas en Silicon Valley utiliza los servicios de la nube de Amazon. En 2019 Bezos anunció su intención de construir ciudades flotantes en el espacio en la forma de cilindros que giran y replican la gravedad de la Tierra con el fin de poner mil millones de personas a vivir allí, con un clima como el de Maui (Hawaii), sin terremotos ni lluvias. Cada año que pasa se convence más que su empresa *Blue Origin* (constructora de naves espaciales) es el trabajo más importante que hace.[123]

Según Bezos, el consumo del ser humano es, en promedio, de 11.000 watts y va en aumento. Para hacerle frente, aconseja cubrir la superficie de la Tierra con paneles solares. En su visión, los humanos necesitarán más energía, la cual hay de sobra en el espacio, donde podrían vivir miles de millones de personas. Y si hubiera esta cantidad de gente, "tendríamos mil Einstein y mil Mozart y energía solar ilimitada: ese es el mundo en el que quiero que vivan los tataranietos de mis tataranietos". Como vemos, la librería *on line* más grande de la Tierra -su idea original- ha cambiado varias veces gracias a su capacidad para experimentar con distintos modelos de negocio. ¿De dónde viene su inclinación por experimentar?

Algo viene de su genética: cuando estaba harto de dormir en su cuna trató de desarmarla con un destornillador. Pero otra parte viene de su entorno familiar, con recursos modestos. Cuando tenía 12 años, ansiaba desesperadamente un nuevo dispositivo llamado *Infinity Cube*, un conjunto de espejos que se reflejaban entre sí. Le fascinaba este juguete pero era muy costoso así que compró algunos espejos y otras partes y construyó su propia versión del *Infinity Cube*. Fueron los veranos en el rancho de su abuelo donde dedicaba tiempo para hacer experimentos lo que aumentó su capacidad creativa. Bezos señala:

> Gané confianza en mi capacidad creativa al estar ayudando a mi abuelo a arreglar las cosas en su rancho. A menudo él no tenía dinero para arreglar las cosas así que teníamos que improvisar.[124]

Otro ejemplo de *experimentación* es el de Michael Dell. ¿Cómo descubrió el "modelo de negocio Dell"? Desarmando las computadoras que sus padres le compraban con mucho esfuerzo. En 1980 esperaba ansioso su decimosexto cumpleaños. Fue con su padre a buscar la computadora Apple II que le llegó por UPS, llegó a su casa, saltó del auto y lo primero que hizo fue desarmar la computadora. Dell recuerda: "Mis padres estaban furiosos. Una Apple costaba un montón de dinero en esos días…pero yo quería ver cómo funcionaba por dentro"[125].

El deseo de Dell por entender cómo funcionaba una Apple II condujo a varios experimentos. Compró una variedad de componentes para mejorar su computadora personal, como memoria, discos duros, modens más rápidos y monitores más grandes. En ese momento, la PC de IBM se vendía por 2500 a 3000 dólares. Pero los componentes se podían comprar por separado por sólo USD 600 o USD 700. Dell se preguntó: "¿Por qué cuesta cinco veces más comprar una PC en el negocio que el costo de las piezas por separado?". Se dio cuenta que podía comprar los componentes por separado y ensamblarlos según lo que quería cada cliente por un precio menor del que se vendía la computadora completa. Así nació el modelo de negocio "directo de Dell".

Otro caso de *experimentación* es el de Jennifer Hyman, la fundadora de *Rent The Runaway*. Hyman decidió probar si las mujeres alquilaban vestidos de diseñadores por internet. Puso un puesto en la Escuela de Negocios de Harvard –donde estudió– antes de un evento estudiantil para ver si las chicas alquilaban vestidos de diseñadores. Consiguió unos vestidos prestados y tuvo una respuesta muy positiva. Pero se preguntó: "Bueno, ¿qué pasaría si no pudieran probarse los vestidos?"[126]. Entonces hizo un experimento en la ciudad de Nueva York dirigido a unas mil mujeres. Creó un sitio web muy rudimentario con algunas fotos de los vestidos para ver si las mujeres alquilaban *sin probarlos*. El experimento le enseñó que alquilaban incluso a través de internet y a menudo piden dos talles para asegurarse el tamaño correcto. Unos seis años más tarde, en la inauguración del segundo período presidencial de Barack Obama en la Casa Blanca, el 85% de las mujeres llevaba un vestido alquilado en *Rent The Runway*.

Los experimentos de Hyman recuerdan uno de los consejos más útiles que dan los expertos en innovación: crear en la empresa un lugar donde sea seguro fallar, un lugar para experimentar y aprender sin hacer daño en términos de tiempo o dinero. Los estudiantes de medicina practican sobre cadáveres y de esa manera aprenden sin causar daños. Un ex director de IDEO, Diego Rodriguez, pregunta al respecto "¿Dónde está tu lugar para fallar?". Hay varias maneras de experimentar y aprender sin incurrir en grandes costos.

Una es montar un sitio web rudimentario para poner el producto a prueba como hizo Hyman, y ver si tiene aceptación entre los clientes o inversores. Los creadores de Dropbox -el sitio para almacenar en la nube- pusieron su producto en una página de hackers llamado *Hacker News*, para probar cosas. De esta manera obtuvieron feedback de usuarios finales lo que permitió aprender y mejorar su producto, antes de lanzarlo al mercado. Es pues fundamental preguntarse si hay un lugar para fallar en la empresa, un lugar para probar cosas y que el equipo aprenda, antes de tirarse al vacío o de gastar gran cantidad de dinero en algo que aún no está probado que funciona.

Networking (red de contactos)

Finalmente tenemos la última habilidad: el *networking* que es, básicamente, valerse de los conocimientos o tecnologías de otros para usarlas en un emprendimiento propio, lo que es posible cuando se tiene un *network* interesante de personas (red de contactos) con conocimientos y maneras de pensar diferente. Steve Jobs usó su *network* para fundar Pixar. Alan Kay, inventor de la computadora *Alto* de Xerox, le dijo a Jobs: "ve a visitar unos tipos locos en San Rafael, California"[127]. Estos "locos" eran Ed Catmull y Alvy Ray que desde una pequeña empresa, *Industrial Light & Magic,* hacían efectos especiales para George Lucas, el creador de *La guerra de las galaxias.* Jobs compró esta pequeña empresa por algunos millones de dólares y la renombró Pixar y esa tecnología se usó para hacer las películas de *Toy Story, Ratatouille, Intensamente* y *Coco,* entre otros éxitos. Jobs no inventó la tecnología que fue desarrollada por estos "locos" pero usó su *networking* para armar una empresa fabulosa que hoy vale miles de millones de dólares.

El *networking* proviene de relacionarse con personas fuera del área de expertise de cada uno, como vimos con la idea de intersección y el efecto Medici. Pierre Omidyar, (eBay) dice que busca información de lugares inesperados y de personas que no son expertos. Muchas de sus nuevas ideas vienen de lugares inusuales. Omidyar comenta:

El cliché sería, en lugar de hablar con el CEO de una empresa, quisiera hablar con alguien en la oficina de correo o mandados, algo así. Busco personas que tienen diversos orígenes, diversas formas de pensar sobre cosas. Lo que trato de hacer es exponerme a personas de pensamiento diferente.[128]

El sociólogo Ron Burt (Universidad de Chicago) estudió 673 gerentes de empresas tecnológicas de Estados Unidos y encontró que aquellos con un *network* de más contactos generaron las ideas más valiosas. Según Burt:

Personas conectadas a grupos más allá de los propios pueden encontrar ideas valiosas. Esto no es creatividad nacida del genio sino creatividad *como un negocio de importación y exportación*. Una idea común en un grupo puede ser valiosa en otro.[129]

Es lo que vimos con el compuesto que se usaba en la calefacción a carbón que sirvió para crear la plastilina o las válvulas médicas para hacer el pico de las botellas para ciclistas. Procter & Gamble (P&G) tiene un *network* formado por investigadores independientes, empresas y a veces competidores. Por ejemplo, NineSigma e InnoCentive ayudan a P&G a preparar informes sobre tecnologías que describen problemas que P&G está tratando de resolver. P&G los distribuye a miles de investigadores de todo el mundo: esto ayudó a que la fuente de ideas externas de P&G pasara de 10% en 2000 a 45% en 2006.[130]

P&G usa esta red de contactos o *network* para hacer sus propias innovaciones. También envían a sus empleados a aprender de otras empresas. Una vez enviaron al personal de Recursos Humanos y de Marketing a Google durante cuatro a seis semanas para observar cómo hacen las cosas y ver si había ideas que podían copiar o aprender. Un empleado de P&G dijo que aprendieron cosas interesantes sobre el marketing digital en Google, específicamente cómo identificar los blogs de madres o "mamás bloggers" –que son las que recomiendan o critican los productos e influyen en los demás consumidores– para así instruirlas cada vez que P&G lanza un nuevo producto para mamás.

Otra modalidad que podría considerarse *networking* –aunque no surge del estudio– es comprar empresas que hayan descubierto tecnologías o productos innovadores. El economista Willard Mueller estudió los productos químicos de DuPont para ver de donde habían surgido: investigó los 25 principales productos y procesos de innovación que tuvieron lugar entre 1920 y 1950, que en conjunto contabilizaron el 45 por ciento de las ventas totales de DuPont en 1948. De los 25 productos, DuPont desarrolló solo 10 internamente y adquirió el resto.[131] Los laboratorios de investigación y desarrollo de DuPont están encargados de investigación pero también actúan como puertas entre las necesidades de la empresa y las tecnologías que surgen en otros lugares o empresas que forman parte de su network. Muchas empresas tecnológicas como Cisco, Google, Microsoft, etc. compran start-ups para llenar algún vacío que tienen en algún conocimiento. En 2011 Google adquirió más de 100 empresas, muchas start-ups.[132]

Práctica de las habilidades creativas

Al escuchar estas habilidades, hay quienes pueden pensar "Pero si no soy creativo ¿Qué hago?". Lo bueno es que estas habilidades se pueden practicar y así lo han hecho algunos. En una empresa farmacéutica un ejecutivo comenzó a practicar todos los días las técnicas de cuestionamiento para identificar puntos estratégicos en su división. "Yo sólo mejoré mi habilidad para cuestionar" dice este ejecutivo. Después de solo 3 meses, su jefe le dijo que se había convertido en el pensador más efectivo, ascendiéndolo a un cargo de planeamiento estratégico. Los expertos en creatividad dicen que las personas y equipos pueden aumentar su creatividad por medio de la práctica. Según los hermanos David Kelley y Tom Kelley (IDEO), la creatividad es como un "músculo que puede ser fortalecido y alimentado mediante el esfuerzo y la experimentación"[133]. La creatividad se puede mejorar practicando las *habilidades creativas* de la misma forma que las personas practican las *habilidades ejecutivas* en sus trabajos. ¿Cómo se practica? El libro *The Innovator's DNA* ofrece algunos *tips* y consejos.

Para la habilidad de *cuestionar*, aconsejan hacer preguntas que impongan restricciones o que eliminen restricciones como "¿Qué pasaría si perdiéramos nuestro principal cliente?" o "¿Qué haríamos si tuviéramos el dinero necesario para innovar, si *el dinero no fuese un obstáculo*?"[134]. Esta última pregunta la hacía Steve Jobs pues creía que para lograr la excelencia no había que pensar en limitaciones de dinero. Según Marissa Mayer (ex vicepresidenta de *search products* de Google), la creatividad ama la restricción. Hay gente que piensa que el trabajo artístico es como un esfuerzo desenfrenado o no guiado. Sin embargo, algunas de las formas de arte más inspiradoras (sonatas, haikus japonés, pinturas religiosas) están cargadas de restricciones. Son hermosas porque la creatividad triunfó sobre las reglas. La creatividad, de hecho, prospera mejor cuando está restringida.[135]

Cuando hay alguna restricción, los estudios demuestran que hay más creatividad que cuando no hay.[136] Esto se debe a que los estudios han descubierto que muchos problemas están mal definidos porque alguno de los componentes básicos están incompletos o el espacio de búsqueda es extremadamente grande: es como si le pidiera a un grupo de personas que invente un deporte *sin reglas*. Sería un "espacio" demasiado grande y terminaría siendo un no-deporte, algo difícil o imposible de jugar porque alguna regla, si es un deporte, debe tener.

Para *observar*, los autores de *The Innovator's DNA* aconsejan ver lo que hace una persona (cliente) en una situación de la vida real: mirar lo que le gusta y lo que no. Pensar algo que pueda *hacerle su vida más fácil*. Preguntarse ¿Qué trabajo está tratando de hacer? ¿Qué podría inventar yo para facilitárselo? Para *experimentar*, aconsejan aprender una nueva habilidad u oficio, construir prototipos de las ideas o desarmar productos para aprender algo; por ejemplo, una computadora o celular. En el caso de *networking*, aconsejan tener una cena o almuerzo con una persona de diferente profesión u oficio -una vez a la semana- o bien concurrir a una conferencia de un tema del cual no sepa nada. A continuación figura uno de los cuestionarios que respondieron los innovadores.[137]

<u>Cuestionar</u>

1. ¿Siempre estoy haciendo preguntas?

2. ¿Siempre hago preguntas para llegar a la raíz del problema?

3. ¿Otros se sienten frustrados por la frecuencia de mis preguntas?

4. ¿A menudo hago preguntas que desafían el *status quo*?

5. ¿Regularmente hago preguntas que desafían las creencias y suposiciones de otros?

6. ¿Siempre hago preguntas para comprender por qué los productos y los proyectos tienen un desempeño inferior o mediocre?

Observar

1. ¿Las nuevas ideas de negocios a menudo me llegan cuando observo a las personas interactuar con los productos y servicios?

2. ¿Tengo un flujo continuo de nuevas ideas de negocios que surgen al observar el mundo?

3. ¿Observo regularmente el uso que hacen los clientes de los productos y servicios de nuestra empresa para descubrir nuevas ideas?

4. ¿Al prestar atención a las experiencias cotidianas, suelo descubrir nuevas ideas de negocios?

Experimentar

1. ¿Me gusta aprender cómo funcionan las cosas y crear nuevas formas de hacer las cosas?

2. ¿Con frecuencia hago experimentos para descubrir nuevas maneras de hacer las cosas?

3. ¿Soy aventurero, siempre estoy en busca de nuevas experiencias?

4. ¿Busco nuevas ideas a través de la experimentación?

5. ¿Tengo una historia de desarmar cosas?

Networking (red de contactos)

1. ¿Tengo una red de personas en las que confío para descubrir nuevas perspectivas o enterarme de nuevas ideas?

2. ¿Asisto a muchas conferencias fuera del área de mi industria o profesión?

3. ¿Organizo reuniones con personas fuera de mi industria para descubrir ideas para nuevos productos, servicios o para ayudar a mis clientes?

4. ¿Tengo una red de contactos con la que interactúo con frecuencia para descubrir ideas para nuevos productos, servicios y clientes?

Algunas medidas para promover una cultura de innovación

Estos famosos innovadores (Jobs, Gates, Dell, Bezos, Musk, Omidyar, etc.) se dieron cuenta que es imposible participar en cada equipo de trabajo de su empresa y que la interacción con la mayoría de sus empleados sería limitada y ocasional. Por tanto, se ocuparon de inculcar un compromiso con la innovación en toda su organización. Para eso, pusieron en marcha prácticas que ayudan a crear una *cultura* o *ambiente favorable a la innovación* y a contratar gente con potencial de creatividad. Por ejemplo Google desarrolló un cuestionario de 21 preguntas para seleccionar candidatos (*Google Labs Aptitude Test*). Una pregunta es "¿De cuántas maneras diferentes puedes colorear un icosaedro…?". Otras están diseñadas para probar si el candidato hace un esfuerzo de creatividad: "En tu opinión, ¿cuál es la ecuación matemática más bella?" o "Este espacio está en blanco. Por favor llénelo con algo que mejore el vacío". Las personas que carecen de paciencia para "mejorar el vacío" no califican pero las que entienden la pregunta y la encuentran divertida son exactamente el tipo de personas que Google quiere contratar.

Otra técnica para encontrar personas con potencial innovador es el *Google Code Jam*, un concurso donde los participantes compiten en línea para resolver los mismos problemas en un tiempo determinado. El premio son 10.000 dólares y una oferta de trabajo de Google. En el Code Jam 2006 hubo ofertas de trabajo para los primeros 20 finalistas, y compitieron 21.000 personas de todas partes del mundo.[138] Los ganadores provenían de Rusia, Polonia y China lo que demuestra que Google se nutre de talento global. Los participantes para el Code Jam

2010 llegaron de 125 países. Los 100 mejores van a una prueba final en la sede de Google donde tienen que demostrar más creatividad: cada concursante debe intentar quebrar el código de software de los demás participantes.

Google también tiene un programa para gerentes jóvenes (*Associate Product Manager*), que recompensa la innovación, independientemente de la edad, poniendo a los empleados en posiciones de liderazgo a corta edad. Por ejemplo, Brian Rakowski, fue puesto a cargo del lanzamiento de Gmail, con solo 22 años de edad.[139]

En Apple esperan todo lo que sea necesario hasta encontrar al candidato ideal. Según una ex reclutadora de Apple (Sharon Aby): "He peleado con gerentes que pretendían llenar una vacante rápido pero si tomaba seis meses para encontrar al mejor candidato, ellos tenían que esperar. Buscábamos personas entusiasmadas por crear cosas nuevas. Mi lema era: *Sorpréndeme*"[140]. Jobs decía a los que pretendían trabajar en Apple: "Si quieres trabajar en Apple, nosotros esperamos que seas un innovador que quiera cambiar el mundo". Una de las cosas que hizo Jobs cuando volvió a Apple en 1997, después de 12 años de haber sido echado, es el famoso aviso publicitario "Piensa diferente" (*Think different*) que decía:

Esto es para los locos. Los inadaptados. Los rebeldes. Los que causan problemas. Los que ven las cosas de modo diferente. Los que no gustan de las reglas. Los que no tienen respeto por el *status quo*…los que cambian las cosas. Son los que empujan la raza humana hacia delante.[141]

La idea del aviso era recordar a todos los empleados y clientes que Apple iba a impulsar la innovación. Este aviso ganó un premio Emmy. Todo el propósito de la campaña 'Piensa diferente' era que la gente había olvidado lo que Apple representaba, incluido los empleados. Con la vuelta de Jobs, Apple volvió a innovar. Por supuesto que estas declaraciones a favor de la innovación deben ser apoyadas con acciones concretas. Alan G. Lafley (ex CEO de P&G) señala:

El P&G de hace cinco o seis años dependía de ocho mil científicos e ingenieros para la vasta mayoría de las innovaciones. El P&G que estamos tratando de crear hoy pide, a los más de cien mil empleados, que sean innovadores.[142]

Para hacerlo realidad, pidió ideas nuevas a todas las áreas de la empresa y si estas eran prometedoras, las ponía en desarrollo. Por ejemplo, apoyó una línea de productos para el cabello para mujeres de color porque unas empleadas afroamericanas le explicaron que los productos tradicionales no funcionaban bien y que ellas "podían hacerlo mejor". Así nació la nueva línea de shampoo, Pantene Pro-V Relax & Natural. Lafley creó así un ambiente favorable a la innovación.

En Amazon a la gente le gusta inventar cosas y como resultado, otras personas que les gusta inventar se sienten atraídas aquí. Bezos: "Si a la gente no le gusta inventar, se siente incómoda aquí. Es como un círculo virtuoso que se refuerza". En las entrevistas a potenciales empleados, Bezos pregunta: "Dime algo que tú hayas inventado"[143]. La invención puede ser algo pequeño, como un nuevo agregado a un producto o proceso que mejore la experiencia del cliente, o una nueva manera de cargar el lavaplatos. Pero lo que pretende saber es si el entrevistado es capaz de intentar algo nuevo.[144] Bezos apoyó la implementación del premio *¡Just Do It!,* para quien mejore o invente algún proceso o producto —sin autorización previa de su jefe— que mejore la experiencia de los clientes de Amazon. El premio lo entrega él en persona.

Las empresas innovadoras promueven la cultura de innovar dándole a su gente tiempo y recursos para probar cosas nuevas. Ronald Mitsch, un ex vicepresidente de Investigación y Desarrollo de 3M —la empresa que inventó la cinta *scotch* en 1925 y los Post-it en 1980— explica: "La innovación no ocurre a no ser que le asegures a tu gente que es una prioridad y le proveas suficiente *libertad y recursos* para desarrollarla"[145]. 3M instituyó en 1920 la práctica de darle 15% de tiempo libre a su personal para que desarrolle productos de su interés y de este tiempo surgieron los Post-It de Arthur Fry. 3M se esfuerza para que el 25% de sus ventas salgan de productos que no existían hace

5 años. También otorga premios por innovación, como el *Golden Step Award* creado en 1972. Más de 6000 empleados ganaron este premio por haber sido miembros de equipos que crearon productos innovadores.[146] El equipo que desarrolló los Post-it ganó este premio.

Google le concede a sus empleados 20 por ciento de tiempo libre para que emprendan proyectos de su interés, además de otros beneficios como peluquerías, gimnasios, lavanderías, guarderías para niños, limpieza de autos comida gourmet en diferentes restaurantes y cafeterías, transporte al campus de Google, seguro médico, jubilación, etc. todo lo cual facilita el trabajo y la innovación. De este 20 por ciento de tiempo libre salieron algunos de los productos más exitosos: Gmail, Google News, AdSense y Orkut (una red social popular en Brasil). El científico Krishna Bharat, un empleado de Google frustrado por lo difícil que era encontrar noticias en línea, creó Google News en su 20 por ciento de tiempo libre. El sitio ahora recibe millones de visitas por día.[147]

De estos experimentos también salieron salieron Google Talk (la aplicación de mensajes instantáneos), Google Sky (que permite a los usuarios con interés en astronomía navegar por las imágenes del universo) y Google Translate (el software de traducción de idiomas). El ingeniero Alec Proudfoot, cuyo proyecto de 20 por ciento estuvo destinado a aumentar la eficiencia de los autos híbridos, afirmó en una entrevista televisiva: "Casi todas las buenas ideas en Google han surgido de un 20 por ciento de tiempo libre"[148].

Esto no es algo que solo ocurre en Google. En P&G, algunos empleados dijeron que se les alentó a dedicar el 75 por ciento de su tiempo trabajando "dentro del sistema" (en tareas ejecutivas) y 25 por ciento trabajando "sobre el sistema" (por ejemplo, descubrir mejores maneras de ejecutar algún proceso).[149] Otras empresas tales como Apple y Amazon, no dan una asignación de tiempo explícita, pero regularmente piden a los empleados que realicen experimentos y trabajen en proyectos innovadores.

Para concluir. El libro *The Innovator's DNA* tiene un título que confunde pues DNA significa en castellano ADN, es decir, los genes. Pero como vemos la razón por la cual estos famosos innovadores descubren buenas ideas no son sus genes sino sus *comportamientos* de cuestionar, observar, experimentar y *networking*. Esto implica que cualquiera de nosotros puede aumentar su creatividad si pone en práctica estos comportamientos, como el ejecutivo que empezó a practicarlas y en poco tiempo fue promovido a la unidad de planeamiento estratégico. Los investigadores dicen que el estudio reveló que la habilidad para generar ideas no es meramente una función de la mente sino también una función de estos *comportamientos*. Esto es una buena noticia para todos porque significa que "si cambiamos nuestros comportamientos, podemos mejorar nuestra creatividad". En síntesis, la clave está en la *acción* y no solo en el pensamiento.

Nunca darse por vencido

Lo notable de estos innovadores es el coraje y el esfuerzo que hacen para llevar adelante sus emprendimientos. Un ejemplo de esto es Fred Smith, el fundador de Federal Express. Smith fundó esta fabulosa empresa que entrega correo y paquetes en 24-48 horas en 1971. Pero recién en julio de 1975 tuvo su primer mes de ganancia. Los obstáculos que tuvo que atravesar fueron muchos. En 1972 Smith había logrado recaudar 52 millones de dólares en financiamiento para comprar aviones y otras inversiones. Pero el tiempo se le consumía tratando de conseguir más fondos y lidiando con inversores impacientes que lo amenazaban con demandarlo y ejecutarle la deuda. Smith describe estos tiempos difíciles:

Ningún hombre en la tierra sabrá jamás todo lo que pasé durante ese año. Con el trauma de ese año, la presión tan grande que sentía sobre mí, tantas cosas pasando al mismo tiempo, tantos viajes y reuniones con banqueros, inversores (...) cientos de personas diferentes que venían a verme a Memphis, no puedo recordar los detalles de ese período. Al mismo tiempo tenía que dirigir una empresa. [150]

Smith tuvo que negociar con funcionarios del gobierno para conseguir regulaciones más flexibles, obtener las modificaciones en el peso de los aviones, conseguir gasolina durante el embargo petrolero de esos años, supervisar el entrenamiento de pilotos, choferes de camiones, vendedores, gerentes y personal administrativo. A estos no podía ofrecerles buenos salarios sino solo la esperanza de un futuro mejor. Además tenía que conseguir clientes. Art Bass, ex presidente de Federal Express, recuerda que la empresa debería haber quebrado unas 5 o 6 veces en los primeros tres o cuatro años pero Smith no se rindió. Fue tenaz. "Con el coraje de un toro, consiguió hacer un milagro. Esa es la única manera de expresar lo que Smith hizo"[151].

La psicóloga Angela Duckworth (Universidad de Pennsylvania) estudió jóvenes que ingresaron a la escuela militar de West Point para someterse a un entrenamiento de gran exigencia.[152] También analizó grupos de estudiantes, emprendedores, deportistas y actores famosos, etc. y en todos los casos fue *la perseverancia lo que predijo el éxito, no el talento o la creatividad.* Lo determinante para la innovación no es pues la inteligencia sino lo que cada uno *hace* con ella: se puede tener mucha creatividad, pero quedarse sentado sin jamás intentarlo.

Hay personas con inteligencia y creatividad que no han logrado mucho porque no se han puesto a trabajar tan duro como Smith, Jobs y otros. Los profesores que escribieron *The Innovator's DNA* le preguntaron a Elon Musk, fundador de Tesla: "¿Qué recomendarías a las personas que quieren ser innovadores?". Elon contestó: "yo les preguntaría cuánto lo han intentado. La creatividad y la innovación llevan tiempo: se necesita esfuerzo. Mucha gente quiere que suceda pero no están realmente dispuestos a dedicar tiempo y esfuerzo"[153].

> El liderazgo es como sostener una paloma en tu mano: Si presionas demasiado fuerte, puedes matarla, pero si la sostienes con demasiada suavidad, puedes perderla.[154]
>
> **Tommy Lassorda**
> **(Jefe de los Dodgers)**

Capítulo 4

¿Qué es ser un "buen jefe"?

El liderazgo es un tema de trascendental importancia en la actualidad. No solo en la vida empresaria sino en política –por ejemplo los presidentes–, los ejércitos, los deportes, la religión, la familia, etc. Según comenta Sutton en *Good Boss, Bad Boss*, el jefe ideal se distingue por dos rasgos: *profesionalismo* y *humanidad* (buen trato); es decir, por trabajar bien pero además ser buena persona. El jefe ideal es el que trata a los empleados con respeto y los hace crecer profesionalmente. Hace las cosas de un modo que aumenta, en vez de destruir, la dignidad y orgullo de su gente. Los estudios sobre tribus de cazadores y grupos modernos, concluyen que los líderes efectivos son 'competentes y benevolentes'[155].

Sin embargo, cuando surgen historias de líderes en la prensa, muy a menudo hay un enfoque sobre el carisma, lo deslumbrante o simpático que es este o aquel presidente de empresa. Pero cuando empezaron a hacerse estudios y encuestas a los empleados sobre el tipo de jefe para el cual trabajarían de vuelta, no fueron los carismáticos sino los que hacían *lo que había que hacer según la circunstancia*. Es decir, los que no le tenían miedo a tomar decisiones difíciles, los que sabían cuándo presionar y cuándo dar más libertad a su gente, los que no esquivaban "el trabajo sucio", por ejemplo, citando algún empleado a su oficina para explicarle que está dañando el trabajo del equipo con sus actitudes.

Según Daniel Ames y Frank Flynn (Universidad de Columbia), muchos jefes ignoran cuándo están presionando demasiado a su gente y cuando no lo hacen suficientemente. Los jefes que presionan demasiado a sus empleados dañan las relaciones de trabajo. Pero los que no presionan lo suficiente, no logran mucho: encontrar el equilibrio adecuado es entonces vital para ser un buen jefe. Con esto en mente, plantearon la hipótesis de que los mejores jefes serían calificados por su gente como personas *decididas, justas* y *responsables*, esto es, jefes que enfrentan los problemas y tratan de resolverlos con coraje y determinación. Pues bien, cuando le pidieron a 213 estudiantes de una escuela de negocios que evaluaran a sus jefes más recientes, los mejor calificados fueron los jefes descritos como personas decididas y responsables. Los estudiantes también dijeron que estarían encantados de volver a trabajar con ellos.[156]

Ahora bien, en el mundo de la innovación, el rasgo fundamental del liderazgo consiste en darle libertad al equipo para que actúe por su cuenta, sin necesidad de permisos previos. La aclaración es importante porque hay muchos ejecutivos que piensan que cuanto más presionan, mejor es, pero Sutton dice que para la innovación esta actitud es negativa. Hay varios estudios que muestran que en los equipos más innovadores, los jefes lideran con menos supervisión a las personas y les permiten actuar sin permiso. Por ejemplo, Anne Cummings y Greg Oldham estudiaron a 171 trabajadores de una planta industrial comparando aquellos que tenían jefes muy controladores y jefes poco controladores. Los trabajadores con jefes *poco* controladores hicieron las sugerencias más creativas.[157] Investigadores de la Universidad de Cornell estudiaron 320 empresas pequeñas, la mitad de las cuales otorgaron a sus trabajadores autonomía, mientras que la otra mitad estaba bajo el control estricto de los jefes: los negocios de las empresas que dieron autonomía a sus empleados, crecieron cuatro veces más que las ejercieron un control estricto.[158]

Michael Kirton hizo una serie de estudios comparando el estilo de personas que llama *adaptativas* (aquellas que se adaptan y hacen pequeñas mejoras pero siempre dentro de marcos estructurados) con el estilo de personas *innovadoras*, aquellas que *ignoran totalmente las estructuras* y re-enmarcan los problemas, viéndolos desde un punto de vista original. Se valió de una encuesta de 32 preguntas y descubrió que las personas que ignoran totalmente las estructuras y actúan sin pedir permiso a los jefes, tienen mejores ideas que las de estilo adaptativo.[159]

En el mundo empresarial hay varios casos de jefes y gerentes que aplicaron esta actitud de poca supervisión y lograron impulsar la innovación de sus equipos. Will Coyne dirigió la división investigación y desarrollo de la empresa 3M. Durante más de una década, realizó su trabajo guiado por esta sabia cita: "Después de plantar una semilla en el suelo, no la desentierres cada semana para ver cómo va"[160]. Una parte de su trabajo era mantener a los intrusos alejados de su equipo para que este pueda trabajar tranquilo. Parte de esta política de libertad creativa es la regla del 15% o "experimentos del viernes por la tarde", que permite a los empleados de 3M hacer sus propios experimentos.

Un director de 3M vió a un científico dormido bajo su banco y amenazó con despedirlo. Pero Coyne llevó a este director al "Muro de Patentes de Invención" y le mostró que el científico había desarrollado algunos de los productos más rentables de la empresa y después le aconsejó: "La próxima vez que lo veas durmiendo, dale una almohada"[161]. Otro ejemplo se remonta a 1925 cuando el CEO William McKnight le ordenó a un empleado, Richard Drew, que dejara de trabajar en un proyecto que consideraba "tonto" y que volviera a su trabajo de control de calidad. Drew lo ignoró y siguió desarrollando la cinta adhesiva, uno de los productos más exitosos de 3M. A pesar de esta orden negativa de McKnight, es justo recordar que fue él quien instituyó la regla del 15% de la cual salieron varios productos innovadores de 3M.

David Packard, el cofundador de Hewlett & Packard ("HP") comenta en su biografía que hace algunos años, en el laboratorio de HP en Colorado Springs, dedicado a la tecnología del osciloscopio, se le ordenó a uno de los ingenieros, Chuck House, que abandonara un monitor de pantalla que estaba desarrollando. Pero House ignoró la orden y se embarcó en unas vacaciones en California, deteniéndose en el camino para mostrar a los clientes potenciales un prototipo del monitor. Quería saber qué pensaban, qué querían que hiciera el producto y cuáles eran sus limitaciones. La reacción positiva lo impulsó a continuar con el proyecto, a pesar de que a su regreso, descubrió que Packard había dado la orden de suspender el proyecto. House persuadió a su jefe para que acelerara la producción del monitor y, como resultado, HP vendió más de 17.000 monitores de pantalla que representaron un ingreso de 35 millones de dólares para la empresa.

Algunos años más tarde, en una reunión de HP, Packard le entregó a Chuck una medalla por esta acción en la que ignoró y desafió su orden yendo "más allá del deber normal de un ingeniero"[162]. En definitiva, según los estudios y estos ejemplos, la regla -para el trabajo innovador- es *no controlar demasiado*: crear un ámbito de libertad e independencia. En otras palabras, no hacer "micro-management" sino dar lineamientos generales y supervisar *a la distancia*. El trabajo de un líder debe consistir en asegurarse que su equipo pueda trabajar por su cuenta. Como vemos, el estilo de management más aconsejable es el "management *laissez faire*", un ámbito laboral con mucha más libertad que el existente bajo el management tradicional.

La seguridad psicológica

Otro ejemplo más actual sobre este estilo de management es Brad Bird. Las tres primeras películas de Pixar fueron *Toy Story 1*, *Toy Story 2* y *A Bug`s Life*, todas de gran éxito. Después de tener estos éxitos, los directores de Pixar (Steve Jobs, John Lasseter y Ed Catmull) estaban preocupados por relajarse y caer en la mediocridad. Temían la complacencia, el sentir que ya lo habían logrado. Entonces se propusieron encontrar a la persona más difícil y talentosa que conocían y ese es Brad Bird y le dijeron: "Ven, diviértete con nuestras mentes: sacude un poco las cosas"[163]. Bird no es difícil como jefe sino como empleado: lo echaron de Disney y del show de *Los Simpson* por cuestionar a sus jefes y quejarse de la mediocridad en que, según su visión, habían caído los productos de estas empresas.

Sin embargo, como jefe sabía crear un ambiente en la que los trabajadores se sentían seguros de decir lo que pensaban en todo momento. Bird dice que antes de llegar a Pixar, estaba en Warners Bros rehaciendo una película, *Iron Giant*, que posteriormente recibió buenas críticas pero no lo hizo tan bien comercialmente. Cuando llegó a la primera reunión en Warner, los trabajadores parecían un grupo de "niños maltratados" y tenían miedo de opinar. Así que Bird pronunció un discurso motivacional: "Voy a tomar mi decisión de lo que creo mejorará una escena pero si ven algo diferente, discrepen conmigo. No tengo todas las respuestas".

No obstante, todos siguieron callados por un par de meses hasta que un día dibujó algo en el pizarrón y uno de los empleados suspiró en desaprobación y Bird preguntó: "¿Qué fue eso?". El empleado respondió: "Nada hombre, está bien". Y Bird le dijo: "No, suspiraste porque no estás de acuerdo con lo que hice. Muéstrame lo que tú piensas porque yo puedo estar equivocado". El empleado se acercó, borró lo de Bird, hizo algo diferente y explicó por qué debería ser así. Entonces Bird le dijo: "Eso es mejor de lo que yo hice. Genial". Todos vieron que "no le cortó la cabeza". Y de esta manera, el trabajo del equipo comenzó a mejorar. Esta acción de Bird se llama crear "seguridad psicológica", un *ambiente de trabajo caracterizado por la confianza interpersonal y el respeto mutuo* en el que las personas se sienten cómodas siendo ellas mismas, un clima donde pueden hablar "sin miedo a ser ridiculizadas o castigadas"[164].

La profesora Amy Edmondson (Harvard) hizo un estudio sobre 26 enfermeras en 9 hospitales y descubrió que los mejores equipos de enfermeras, son aquellos donde los jefes las alientan a opinar libremente. Estos equipos descubrieron y reportaron diez veces más errores que los equipos que tenían jefes que inspiraban miedo y trataban a las enfermeras como si fueran "niñas de dos años de edad"[165].

En el laboratorio de investigación y desarrollo de Xerox Parc (donde se inventó el mouse y la interfaz gráfica de usuario) había este ambiente de *seguridad psicológica*. Bob Taylor, uno de los jefes, tenía una actitud que hacía que todos se sintieran cómodos y dejasen a un lado sus miedos y egos para concentrarse en resolver los problemas.[166] Promovía la libre discusión de ideas y las críticas abiertas pero no con el fin de hacer pasar un mal momento a sus trabajadores sino para motivarlos e inspirarlos a tener mejores ideas.

Este ambiente puso a la innovación en el centro del laboratorio dejando a un lado la política y las jerarquías. John Mauchly quien junto a John Prespert Eckert Jr. inventó la primera computadora de la historia, la Eniac (la que dijimos pesaba 30 toneladas), también creó un ambiente de seguridad psicológica en la Universidad de Pennsylvania - donde se inventó esta computadora- y en su empresa, la *Eckert-Mauchly Computer Corporation*. Grace Hopper, una de las programadoras del Eniac, recuerda que Mauchly "Dejaba que la gente probase cosas. Alentaba la innovación"[167].

En *La innovación y el empresario innovador* (1987), Peter Drucker, el "padre del management", aconseja: "Para ser capaz de innovar, una empresa debe ser capaz de *dar libertad* a su mejor gente…". En su visión, el jefe debe organizar reuniones informales con los empleados e iniciarlas con estas palabras:

No estoy aquí para hacer un discurso…He venido para escuchar. Estoy aquí para conocer las aspiraciones de ustedes pero, sobre todo, donde ven oportunidades para esta empresa y dónde ven amenazas. Y cuáles son las ideas que tienen para ensayar y hacer cosas nuevas.[168]

Este tipo de reuniones debe organizarse regularmente porque son:

un vehículo excelente de comunicación entre los de 'arriba' y los de 'abajo' (…) enseñan a los jóvenes lo que preocupa a los directivos y por qué. Y a los directivos les proporcionan el conocimiento muy necesario sobre los valores, la visión y las preocupaciones de sus colegas jóvenes.[169]

La seguridad psicológica en los equipos de Google

Los investigadores de Google hicieron una investigación que llaman *Proyecto Aristóteles* donde descubrieron que la *seguridad psicológica* es el ingrediente más importante de los mejores equipos de trabajo.[170] Para descubrir porque algunos grupos de personas se destacan y otros no, revisaron medio siglo de estudios académicos y analizaron cómo funcionaban los equipos. Sobre la base de esos estudios, se preguntaron: ¿Con qué frecuencia los miembros de los equipos de Google socializan fuera de la oficina? ¿Tienen las mismas aficiones? ¿Son similares sus antecedentes educativos? ¿Es mejor que los miembros sean extrovertidos o tímidos? ¿Los mejores equipos están compuestos por personas con intereses similares? ¿O importa más si todos están motivados por el mismo tipo de recompensas?

Sin embargo, no importa cómo organizaban los datos, era casi imposible encontrar patrones, o cualquier evidencia de que la composición de un equipo hiciera la diferencia. "Analizamos 180 equipos de trabajo. Teníamos muchos datos, pero no había nada que demostrara que una combinación de tipos de personalidad o habilidades o antecedentes específicos hicieran alguna diferencia", dice Abeer Dubey gerente de *Google People´s Analytics*. La parte de "quién" integraba el equipo no parecía importar. Algunos de los equipos más eficientes de Google estaban compuestos por amigos que socializaban fuera del trabajo pero otros estaban formados por personas que no se juntaban después del trabajo. Algunos equipos buscaban gerentes con fuerte personalidad pero otros preferían jefes abiertos y flexibles. "En

Google, somos buenos para encontrar patrones", señala Dubey pero "no había patrones claros aquí".

En 2008 un grupo de psicólogos de Carnegie Mellon, M.I.T. y Union College comenzó a investigar cual es la fórmula o secreto de los mejores equipos de trabajo.[171] Estos psicólogos querían saber si existe una *inteligencia colectiva* distinta de la inteligencia de cada miembro del equipo. Para ello, reclutaron a 699 personas, las dividieron en pequeños grupos y les asignaron una serie de tareas que requerían colaboración. Una tarea por ejemplo, consistía en que los participantes intercambiaran ideas sobre posibles usos para un ladrillo. Otra era coordinar un viaje de compras donde cada miembro se hacía cargo de una lista diferente de comestibles. Los investigadores concluyeron que lo que distingue a los "buenos" equipos es *cómo se tratan los miembros.*

Notaron dos comportamientos que los mejores equipos comparten. En primer lugar, todos los integrantes *hablaban aproximadamente la misma cantidad de tiempo,* un fenómeno que los investigadores llaman "igualdad en la distribución de turnos conversacionales". En algunos equipos, todos hablaban durante cada tarea; en otros el liderazgo cambiaba según la tarea asignada. Pero al final del día, todos habían hablado, aproximadamente, la *misma cantidad de tiempo.* "Mientras que todos tuvieran la oportunidad de opinar, el equipo lo hizo bien", destaca Anita Woolley, autora principal del estudio de Carnegie Melon. Pero si solo una persona o un grupo pequeño hablaba todo el tiempo, la inteligencia colectiva disminuía. En segundo lugar, los mejores equipos tenían una alta "sensibilidad social promedio", esto es, sus integrantes eran hábiles para intuir cómo se sentían otros *basándose en su tono de voz, gestos y otras señales no verbales.*

Una de las maneras más fáciles de medir la sensibilidad social es mostrarle a alguien fotos de ojos de otras personas y pedirle que describa lo que está pensando o sintiendo, un examen conocido como lectura de la mente por medio de los ojos (*Reading the Mind in the Eyes*). Los mejores equipos en el experimento de Woolley, obtuvieron un puntaje superior al promedio en este examen. Parecían saber cuándo un compañero se sentía molesto o excluido, mirando su cara y expresiones. Esto es determinante para el entendimiento entre las personas dado que hasta un 98% de la comunicación es gestual: se puede decir "muchas gracias" con buena cara o con cara de sarcasmo, lo que cambia totalmente el significado de las palabras. Los equipos menos eficaces, en contraste, puntuaron por debajo del promedio: parecían tener menos sensibilidad hacia sus colegas. En psicología, los investigadores se refieren a los "turnos conversacionales" y la "sensibilidad social promedio'" como aspectos de la *seguridad psicológica*.

La conclusión del *Proyecto Aristóteles* es que los que están en un equipo importan menos que la *forma en que interactúan*. Este proyecto también descubrió que, además de la seguridad psicológica, hay otros comportamientos importantes para la eficacia de un equipo como la *confiabilidad*, que se analizó partiendo de la pregunta: "¿Podemos contar unos con otros para hacer un trabajo de calidad a tiempo?". La *estructura* y *claridad* de los objetivos que se analizó partiendo de la pregunta: "¿Están claros los objetivos, roles y planes de ejecución de nuestro equipo?". El *significado del trabajo*: "¿Estamos trabajando en algo que es personalmente importante para cada uno de nosotros?" y *el impacto del trabajo*: "¿Creemos que el trabajo que estamos haciendo tendrá impacto en otras personas?".

La *seguridad psicológica* se analizó partiendo de la pregunta: "¿Podemos tomar riesgos en este equipo sin miedo a que nos humillen o descalifiquen?". Si un equipo responde "sí" a estas preguntas, probablemente tenga un buen rendimiento y si no, estas preguntas pueden usarse como guía para reflexionar como hacerlo mejor. Este estudio también descubrió que las personas que integran equipos con seguridad psicológica tienen *menos* probabilidades de renunciar a Google, más probabilidades de aprovechar las ideas de sus compañeros y generar más ingresos.[172] Para fomentar la seguridad psicológica, los investigadores crearon una herramienta llamada *gTeams* que consta de tres pasos: i) una evaluación de 10 minutos sobre los comportamientos del equipo, ii) un informe que resume cómo se está desempeñando el equipo y iii) una conversación para discutir los resultados y ayudar a los equipos a mejorar. Más de 3.000 Googlers en 300 equipos han usado esta herramienta y los equipos que tomaron medidas al respecto mejoraron un 6% en las calificaciones de seguridad psicológica y un 10% en las calificaciones de estructura y claridad de objetivos. El *Proyecto Aristóteles* ha fomentado conversaciones y discusiones sobre cómo funcionan los equipos y cómo se sienten las personas, que de otra manera no habrían salido a la luz. Matt Sakaguchi, gerente de Google comenta:

> El poner aspectos como la *empatía* y la *sensibilidad social* en gráficos e informes de datos, hace que sea más fácil hablar de ellas. Es más fácil hablar de nuestros sentimientos cuando podemos cuantificarlos y asignar un número.[173]

Distancia al poder e individualismo

Otros dos conceptos que están íntimamente relacionados con la seguridad psicológica son lo que los sociólogos y psicólogos llaman *distancia al poder* e *individualismo*. Distancia al poder es la relación con la autoridad, es decir, la manera en que los que *tienen poder en una sociedad tratan a los demás*, mientras que individualismo es la relación del individuo con la sociedad, es decir, *el grado de autonomía o libertad que cada sociedad otorga al individuo* (el *individualismo* se mide por oposición al *colectivismo*, cuando el grado de autonomía es poca).

Según los estudios del antropólogo, psicólogo e ingeniero holandés Geer Hofstede, en las organizaciones y sociedades con *larga* distancia al poder, los empleados tienen más miedo de manifestar desacuerdos con sus jefes que en los de *corta* distancia al poder.[174] En las de *larga* distancia al poder, el mando suele ser de tipo jerárquico y verticalista: hay un temor reverencial a la autoridad, sea la del jefe, el padre de familia o el Estado.

El poder se basa en las conexiones, la fuerza o la riqueza: se cree que el que tiene poder debe tener privilegios. Por tanto si un individuo tiene una idea innovadora puede sentirse inhibido de proponerla a su jefe. Estas organizaciones y sociedades tienen además un bajo grado de individualismo o, dicho a la inversa, un alto grado de *colectivismo*: se privilegia la opinión de la mayoría por sobre la del individuo. Por ejemplo, si dentro de un grupo de trabajo, un individuo tiene una propuesta interesante pero su grupo sostiene mayoritariamente lo contrario, es más probable que prevalezca la opinión del grupo. Se aplica pues un criterio mayoritario, en vez de analizar si la propuesta es buena o mala en sí misma.

En cambio en las organizaciones y sociedades de *corta* distancia al poder, la comunicación entre empleados y jefes es más directa, lo que facilita la circulación de ideas. Los empleados se acercan fácilmente a sus jefes y los contradicen. El mando suele ser más abierto y flexible, de estilo consultivo. Es común la creencia que todos deben tener los mismos derechos sin importar el puesto que se ocupe. El poder se basa en el *mérito* y la *capacidad*. Por tanto, si un individuo tiene una propuesta interesante puede sentirse más cómodo de comentarla con su jefe.

Además tienen un mayor grado de *individualismo*, es decir, de respeto por el individuo siempre que no afecte derechos de terceros. Por ejemplo, si un individuo tiene una propuesta innovadora es más probable que se lo escuche y analice para verificar si es buena o no en sí misma, en vez de aplicar automáticamente lo que opine la mayoría. Individualismo es también sinónimo de *libertad individual*. Y según los estudios del antropólogo Homer G. Barnett, existe una positiva "correlación positiva entre el individualismo y el potencial innovador". Cuanto mayor es la libertad del individuo para explorar su mundo de experiencias y organizar su trabajo de acuerdo con su interpretación personal, "mayor es la probabilidad que surjan nuevas ideas"[175]. ¿Cuáles son las sociedades de *corta* y *larga* distancia al poder?

Las de *corta* distancia al poder -mando abierto y consultivo- son, por ejemplo, Estados Unidos, Reino Unido, Canadá, Alemania, Holanda, Suiza, Suecia, Dinamarca, Finlandia e Israel, países con un alto nivel de innovación si se toma en cuenta indicadores típicos como la cantidad de patentes de invención y empresas innovadoras (más abajo figuran todos los países medidos). Asimismo, hay varios estudios que demuestran que una *corta* distancia al poder y un mayor grado de individualismo *se correlacionan con una mayor cantidad de patentes de invención.*[176] En cambio, las sociedades de *larga* distancia al poder -mando jerárquico y verticalista- son las latinoamericanas, africanas y árabes, todas en vías de desarrollo y con un menor nivel de innovación.

Ahora bien, los innovadores se destacan por comportarse y pensar de modo diferente a la mayoría: muchas veces son de personalidad rebelde. El lema de Steve Jobs según vimos era: "Esto es para los locos. Los inadaptados. Los rebeldes". Cuando la madre de Bill Gates -una mujer de carácter fuerte- lo llamaba a Bill para cenar, este estaba en su sótano donde tenía su dormitorio y no respondía. "¿Qué haces?" le preguntó una vez su madre. "Estoy pensando", gritó Bill como respuesta. "¿Estás pensando?" dijo la madre. "Si, mamá, estoy pensando. ¿Has probado hacerlo alguna vez?". Su madre lo llevó a ver a un psicólogo y luego de un año de terapia, este le dijo: "Usted tiene todas las de perder…no vale la pena intentar cambiarlo". Un profesor de Larry Page y Sergey Brin (fundadores de Google), recuerda que estos: "No tenían respeto por la autoridad. Se pasaban el tiempo desafiándome. No tenían empacho en replicarme: '¡No dice más que gilipolleces!'"[177].

Este tipo de individuos no suele seguir la tradición o las costumbres sino que, al contrario, se desvían de ellas para hacer algo nuevo. El problema es que para desviarse necesitan libertad de acción. ¿En qué países es más probable que encuentren esta libertad? Es evidente que en los de *corta distancia al poder* -mando abierto y flexible en vez de jerárquico- y *alto grado de individualismo*; en suma, allí donde su creatividad y rebeldía no es obstaculizada o frenada por un jefe autocrático o por la presión de la mayoría.

A continuación figuran los puntajes de los países en las escalas de Hofstede que ascienden numéricamente cuando la distancia al poder es más *larga* y desciende cuando es más *corta*. Brasil y Argentina por ejemplo figuran con un puntaje de 69 y 49 respectivamente, que revela una distancia al poder más larga que en Estados Unidos y Holanda, con 40 y 38 respectivamente. Si nos guiamos por estos puntajes, en las sociedades brasilera y argentina habría más miedo a manifestar un desacuerdo con el jefe o proponerle algo innovador que en las sociedades estadounidense y holandesa.[178] Nótese también los puntajes de India y China dado que muchos ingenieros que trabajan en Silicon Valley provienen de estos países. Dijimos al principio que gran parte del talento tecnológico proviene de la India y China.

Puntajes de países en distancia al poder:

PAIS	DISTANCIA AL PODER
Malasia	104
Eslovaquia	104
Guatemala	95
Panamá	95
Filipinas	94
Rusia	93
Rumania	90
Serbia	86
Surinam	85
México	81
Venezuela	81
Países árabes (ej. Egipto y Arabia Saudita)	80
Bangladesh	80
China	**80**
Ecuador	78
Indonesia	78
India	**77**
Países de África Oeste (ej. Nigeria y Ghana)	77
Singapur	74
Croacia	73
Eslovenia	71
Bulgaria	70

PAIS	DISTANCIA AL PODER
Marruecos	70
Suiza de habla francesa	70
Vietnam	70
Brasil	**69**
Francia	68
Hong Kong	68
Polonia	68
Bélgica de habla francesa	67
Colombia	67
El Salvador	66
Turquía	66
Países del África Este (ej. Tanzania y Etiopía)	64
Perú	64
Tailandia	64
Chile	63
Portugal	63
Bélgica de habla holandesa	61
Uruguay	61
Grecia	61
Corea del Sur	60
Irán	58
Taiwán	58
República Checa	57
España	57
Malta	56
Pakistán	55
Canadá	54

PAIS	DISTANCIA AL PODER
Japón	54
Italia	50
<u>Argentina</u>	**49**
S. África	49
Trinidad	47
Hungrìa	46
Jamaica	45
Latvia	44
Lituania	42
Estonia	40
Luxemburgo	40
<u>Estados Unidos</u>	**40**
Canadá	39
<u>Holanda</u>	**38**
Australia	36
Costa Rica	35
Alemania	35
Reino Unido	35
Finlandia	33
Noruega	31
Suecia	31
Irlanda	28
Suiza de habla alemana	26
Nueva Zelandia	22
Dinamarca	18
Israel	13
Austria	11

A continuación, la escala de *individualismo* de Hofstede donde el puntaje asciende a medida que hay más individualismo (o menos colectivismo). Estados Unidos y Holanda figuran con un puntaje de 91 y 80, lo que revela mucho más individualismo que Brasil y Argentina, con 38 y 46 respectivamente. Si nos guiamos por estos puntajes, en las sociedades brasilera y argentina es más común que se adopte la decisión del grupo en vez del individuo, a pesar que este tenga una propuesta más innovadora o una idea mejor que la del grupo, que en las sociedades estadounidense y holandesa.[179] Nótese también los puntajes de India y China.

<u>**Puntajes de individualismo:**</u>

PAIS	INDIVIDUALISMO
<u>Estados Unidos</u>	**91**
Australia	90
Reino Unido	89
Canadá	80
Hungría	80
<u>Holanda</u>	**80**
Nueva Zelanda	79
Bélgica de habla holandesa	78
Italia	76
Dinamarca	74
Canadá Quebec	73
Bélgica de habla francesa	72
Francia	71
Suecia	71
Irlanda	70
Latvia	70
Noruega	69
Suiza de habla alemana	69

PAIS	INDIVIDUALISMO
Alemania	67
Sud África	65
Suiza de habla francesa	64
Finlandia	63
Estonia	60
Lituania	60
Luxemburgo	60
Polonia	60
Malta	59
República Checa	58
Austria	55
Israel	54
Eslovaquia	52
España	51
India	**48**
Surinam	47
Argentina	**46**
Japón	46
Marruecos	46
Irán	41
Jamaica	39
Rusia	39
Países árabes	38
Brasil	**38**
Turquía	37
Uruguay	36
Grecia	35
Croacia	33
Filipinas	32

PAIS	INDIVIDUALISMO
Bulgaria	30
México	30
Rumania	30
Países del África Este	27
Portugal	27
Eslovenia	27
Malasia	26
Hong Kong	25
Serbia	25
Chile	23
Bangladesh	20
China	**20**
Singapur	20
Tailandia	20
Vietnam	20
Países del África Oeste	20
El Salvador	19
Corea del Sur	18
Taiwán	17
Perú	16
Trinidad	16
Costa Rica	15
Indonesia	14
Pakistán	14
Colombia	13
Venezuela	12
Panamá	11
Ecuador	8
Guatemala	6

Estar en sintonía con las personas que diriges

Según los estudios de psicología, los humanos tenemos una tendencia natural a creer que somos mejores de lo que en verdad somos. Esto puede verse en cosas cotidianas como creer que conducimos mejor de lo que lo hacemos. En un estudio en Estados Unidos sobre conductores de autos, el 90% de los encuestados dijo que tenía habilidades de conducción "por encima del promedio". Esto también ocurre con el liderazgo. En una encuesta a casi un millón de estudiantes de secundaria, el 70% afirmó tener habilidades de liderazgo "por encima del promedio" y solo el 2% creía que estaba "debajo del promedio". Es más, las investigaciones muestran que las personas más incompetentes son las que mejor se autoevalúan. A esta tendencia se le llama en inglés "self enhancement bias", algo así como "sesgo de auto-agrandamiento"[180].

Sin embargo, son los compañeros, superiores y clientes quienes pueden ofrecer una mejor evaluación sobre nuestras fortalezas y debilidades. En un estudio sobre oficiales navales se encontró que las calificaciones de sus pares eran los mejores predictores de quienes ascenderían y no las autoevaluaciones. Este sesgo es pues un obstáculo para mejorar y se aplica a todas las áreas de la vida: negocios, política, deportes, música, hobbies, etc. Si Federer, Djokovic o Nadal se dejasen guiar por este sesgo, no hubiesen ganado semejante cantidad de torneos de tenis. Tienen una obsesión por mejorar. Pues bien, los buenos jefes también tienen esta obsesión. Están constantemente preocupados por perfeccionar sus habilidades de liderazgo y para eso buscan estar en *sintonía con su equipo*: quieren saber el efecto que causan sus palabras en los demás y entender las fortalezas y debilidades de las personas con las que trabajan para sacar lo mejor de ellas.

Muchos dicen que Steve Jobs tenía una personalidad difícil pero según gente que trabajó con él, tenía la habilidad de entender cuáles eran las fortalezas y debilidades de las personas y cómo liderarlas para sacar lo mejor de ellas. Esta clase de liderazgo solo ocurre cuando el jefe está en sintonía con la gente que dirige, cuándo sabe cómo motivar a cada trabajador según su personalidad pues no todos reaccionan igual ante el mismo tipo de motivación. Hay personas que trabajan muy bien bajo presión pero otras necesitan de la felicitación o el constante apoyo del jefe. Para ser un buen líder es necesario ser un buen "psicólogo" en el sentido de entender la personalidad de cada miembro de un equipo, saber leer los gestos, tonos de voz y situaciones.

El ex CEO de General Electric Jack Welch dice que ser jefe "no se trata de ti": "Cuando te hacen líder, no te dan una corona sino la responsabilidad de sacar lo mejor de los demás". Sin embargo, Sutton comenta que hay dos excepciones en donde si se trata exclusivamente del jefe. La primera es que a los jefes se les asigna, automáticamente, más del 50% de la culpa o del mérito del equipo, sea justo o injusto.[181] Por ende, parte del trabajo de un jefe es lidiar con esta atribución exclusiva de responsabilidad. La segunda es que las personas de un equipo observan mucho más a su jefe, que este a aquellas, lo cual es natural porque el jefe tiene el control de sus vidas y carreras.

Los antropólogos y etólogos dicen que el miembro promedio de una manada de gorilas y monos babuinos mira al macho alfa -al jefe- cada veinte o treinta segundos pero lo opuesto no ocurre tan a menudo.[182] Es lo que pasa a quienes están en una posición de autoridad o liderazgo: su gente está prestándole atención constantemente. El problema es que existe la tendencia que el jefe no preste suficiente atención a su equipo, por tanto, puede perder fácilmente la sintonía y el conocimiento de lo que ocurre con su gente.

Sutton comenta el caso de un jefe que se vió completamente sorprendido cuando una secretaria descubrió un secreto bien guardado: que habría despidos. La secretaria se le acercó un día y le preguntó "¿Va a haber despidos no?" y el jefe respondió "sí, los despidos vendrán pero cómo lo sabes pues nadie en la empresa lo sabe, salvo algunos gerentes y accionistas". Ella respondió que cuando había problemas, él no miraba a la gente a los ojos sino hacia abajo, a sus zapatos. Esta situación demuestra que los empleados y las secretarias suelen saber mucho más sobre el comportamiento de su jefe, de lo que este sabe sobre sí mismo y sobre su equipo. La gente mira todo lo que el jefe hace y aprende a leer sus gestos, el golpeteo de sus dedos cuando está impaciente o las cejas que levanta antes de interrumpir la explicación de otro. Hablan de su comportamiento cuando no está y le asignan un significado a todo lo que hace.[183]

Un ejemplo final es el de Linda Hudson, CEO de BAE Systems. Después de obtener un gran ascenso, se dió cuenta que la gente la observaba en cada pequeña cosa que hacía. Una semana antes de este ascenso, se compró un pañuelo de cuello y la vendedora le mostró como atárselo de una manera diferente a lo usual. Al final de su primera semana en el trabajo, miró a su alrededor y había muchas mujeres en su oficina, con pañuelos atados igual a ella.[184] En síntesis, cuando se está en una posición de liderazgo, el foco de atención está en el líder, notando todo lo que hace, dice u omite hacer. Pero como esta atención no es recíproca, uno de los principales desafíos de un buen jefe es no perder la *sintonía con su equipo*.

El experimento de las galletitas

La tendencia de muchos jefes a no prestar atención a las personas que dirigen empeora debido al efecto que surge cuando a alguien se le otorga poder. Casi todos conocen el dicho, "Dale poder a una persona para conocerla realmente". Una gran cantidad de estudios —señala Sutton— demuestra que cuando se pone a las personas en posiciones de poder, tienden a centrarse más en sus propias necesidades; a importarles menos las necesidades de los demás y a actuar como si las reglas no se aplicaran a ellos. Para demostrarlo, se hizo una investigación en la universidad de California (Berkeley). Se reunió a tres estudiantes en una sala: a dos de ellos le dieron el trabajo de escribir un ensayo proponiendo pequeñas medidas como qué podríamos hacer para tirar la basura más rápido, que hacer para que el campus de la universidad tenga más espacios verdes, etc. Al tercero, lo nombraron "jefe" y le asignaron la tarea de evaluar las ideas de los otros dos y además pagarles.

Después de 30 minutos el experimentador ingresó a la sala y puso un plato con cinco galletitas en la mesa donde estaban estos tres estudiantes. Cualquiera que esté familiarizado con los experimentos de psicología, sabe que los psicólogos usan diferentes métodos para manipular a la gente en sus estudios. El plan era ver quien agarraba la última galletita porque se sabe que no es de buenos modales tomar la última para uno mismo. Resulta que el estudiante que había sido nombrado "jefe", no solo tomó la última galletita sino que también masticó con la boca abierta y dejó más migas que los otros.[185]

En definitiva, cuando las personas están en posiciones de poder, i) se centran más en sus preocupaciones y deseos, ii) les importan menos los problemas de los demás y iii) actúan como si las reglas no se aplicaran a ellos. Por tanto, para ser un buen jefe, hay que estar en sintonía con las personas que se lideran porque está demostrado que la posición de poder lleva a las personas a ser más descuidadas y abusivas en sus relaciones con los demás. Los buenos líderes luchan contra estas tendencias y esto es vital para convertirse en un jefe efectivo de innovación. En 1958, David Packard le aconsejó a sus gerentes:

Cuiden su sonrisa, su tono de voz, la manera en que miran a la gente y la saludan, el uso de sobrenombres y la memoria para las caras, nombres y datos. Estas pequeñas cosas los ayudarán a mejorar su habilidad para llevarse bien con sus trabajadores.[186]

La estrategia de los pequeños pasos

Otro aspecto importante para el liderazgo es adoptar una estrategia de pequeños pasos. Según los estudios de Jim Collins, los buenos líderes suelen tener grandes metas o grandes ideas sobre cómo construir productos innovadores. Pensar en grande motiva a las personas (Collins es autor de *From Good to Great*). Pero también hay estudios que dicen que si se presenta a un equipo grandes metas pero no se le muestra los pequeños pasos para alcanzarlas, puede perder el foco, desmotivarse o no saber cómo avanzar. Teresa Amabile y Steve Kramer estudiaron, durante años, a varios equipos y descubrieron que la clave de su éxito era que sus líderes organizaban el trabajo en *pequeños pasos*.[187]

Los pequeños pasos sirven porque las personas quieren sentir, en el *día a día*, que están haciendo algo importante o útil. Para que se comprometan con la tarea, deben sentir que están logrando un progreso constante y no solo tener la esperanza de lograr una gran meta a largo plazo. Es fundamental que el líder mencione, a fin de año, el progreso realizado por el equipo como también aquellos que contribuyeron a hacerlo realidad. Esto alienta psicológicamente a la gente y la motiva a lograr más cosas el próximo año. También aconsejan planificar metas para el próximo año y explicar por qué ese progreso es importante, asegurándose de incluir objetivos grandes y ambiciosos pero también *intermedios* y *pequeños*.

Las asociaciones de Alcohólicos Anónimos han tenido éxito en ayudar a los alcohólicos porque en vez de insistir en que se vuelvan completamente abstemios para el resto de sus vidas, los alientan a permanecer sobrios un *día a la vez* o una hora a la vez. La imposibilidad de la abstinencia de por vida se reduce pues al objetivo más factible: no beber durante 24 horas o una semana. Varios estudios sobre micro-innovación demuestran lo efectivo de dar pequeños pasos. Por ejemplo, un estudio sobre las reducciones de costos de producción en cinco plantas de DuPont entre 1929 y 1960 demuestra que pequeños cambios técnicos, en vez de cambios importantes, representaron *más de dos tercios de la reducción de costos*.[188] Esta reducción fue el producto de pequeños inventos hechos por trabajadores familiarizados con las operaciones diarias.

Es natural que se aplauda al gran invento mientras se pasa por alto los pequeños pasos. Sin embargo, no es de ninguna manera cierto que el aumento de la productividad se deba, principalmente, a las grandes invenciones. Bien puede ser cierto que la suma total de "las pequeñas mejoras, cada una demasiado pequeña para ser llamada una invención, haya contribuido al aumento de la productividad más de lo que lo han hecho los grandes inventos"[189]. Los pequeños pasos son también más fáciles de dar y más estables. Esta característica se ilustra mediante el conteo de 1.000 hojas de papel. Cuando se interrumpe alguien un conteo de 1.000 hojas, se lo obliga a comenzar de nuevo, si no retuvo el último número. En cambio, si las hojas se cuentan y colocan en pilas de a 100, no solo se pierde mucho menos tiempo de recuento sino que, ante las interrupciones, las posibilidades de retomar el conteo son más altas. Las pilas cortas de hojas son pues como las pequeñas victorias o pasos, en el camino hacia la gran meta.

En síntesis, cuando se lidera un equipo es recomendable dividir el gran objetivo en pequeños pasos y crear las condiciones para que el equipo pueda hacerlo por sí mismo. La cita del *Tao Te Ching* "Un viaje de mil millas comienza con un solo paso", es algo que aplicamos en nuestra vida diaria ya que cumplimos nuestros grandes objetivos por pasos, sea una carrera a largo plazo, una promoción, un título universitario, una relación positiva con nuestra pareja, etc. El camino hacia el éxito final se hace de jornada en jornada. Y si se piensa en términos de cuánto tiempo se debería dedicar a pensar en los grandes objetivos en comparación con los pequeños pasos, la fórmula sería 1% del tiempo a pensar en los grandes objetivos pero 99% a los pequeños pasos que lo harán posible.

Sutton comenta que a fines de 2008 le comunicaron a la CEO de una empresa de software en Estados Unidos que si no lograba un aumento de ventas de, al menos 35%, más que el año anterior, habría muchos despidos en su división. Ella se acercó a su equipo y les comunicó estas malas noticias. Como era de esperar, todos se pusieron nerviosos y comenzaron a quejarse, preocupados sobre cómo iban a lograr este objetivo en una economía en recesión. No obstante, ella dijo: "¡esperen, no se asusten! dividamos esto en pequeños pasos". Así que tomó muchos Post-it y los repartió a su equipo y dijo: comiencen a escribir todos los pequeños pasos que debemos realizar para lograr el objetivo de aumentar las ventas en un 35%. Muy pronto ella juntó unos 100 Post-it con pequeños objetivos, dividió una pizarra y colocó 60 de ellos en el lado fácil y 40 en la parte difícil de lograr. Luego dijo:

"pensemos en lo que podemos hacer para lograr los más fáciles lo más rápido posible"[190].

Dentro de dos semanas resultó que el equipo había logrado todos los fáciles y eso le dio la energía y el optimismo para encarar los más difíciles. Gracias a haber dividido la gran meta en pequeños pasos, la CEO y su equipo evitaron una gran cantidad de despidos. El punto es que cuando ella les comunicó la gran meta, los empleados se asustaron. Pero cuando lo dividió en partes manejables, sucedieron dos cosas buenas: la ansiedad disminuyó y además comprendieron que para alcanzar el objetivo, solo hacía falta dar pequeños pasos.

Protege sus espaldas

Este último principio del buen liderazgo es especialmente importante. Es uno de los mejores rasgos de un buen líder. En distintas encuestas comenzaron a preguntar a las personas que es un jefe efectivo, para quién le gustaría trabajar, etc. y lo que la gente contestó es que quiere "un jefe que cuide mis espaldas". Esto significa jefes que protegen a su equipo de todo tipo de cosas, desde interrupciones sin sentido y pedidos burocráticos molestos, hasta abusos de poder y faltas de respeto que hacen la vida más difícil. Los mejores jefes dejan a su gente hacer su trabajo. Protegen a sus equipos de visitantes molestos, reuniones innecesarias y otras pérdidas de tiempo. Sutton señala que,

un buen jefe se enorgullece de servir como un *escudo humano*, absorbiendo y conteniendo la presión de superiores y clientes, haciendo todo tipo de tareas aburridas y tontas y batallando contra cada idiota o pesado que le hace la vida más injusta o dura de lo necesario a su equipo.[191]

Según Henry Mintzberg, uno de los mejores teóricos de management de nuestro tiempo, el "gerente perfecto" es el que atiende o frena a los visitantes "para que todos los demás puedan hacer su trabajo"[192]. Jobs dijo algo parecido sobre su trabajo en Apple: "Las personas que trabajan son la fuerza que mueve todo detrás de la computadora Macintosh. Mi trabajo es crear un espacio y mantener *el resto de la empresa a distancia*"[193]. Esta actitud protectora es especialmente importante para los equipos que hacen innovación, para que no sean interrumpidos por ejecutivos de otras áreas solicitándoles que hagan cosas que no son su trabajo o ejecutivos que molestan por envidia o celos, que no resisten tener empleados que alguna vez fueron "suyos", haciendo innovación para otro jefe.

Una anécdota interesante tuvo lugar en la división de computación de Lucasfilm, la empresa de George Lucas (creador de la *Guerra de las Galaxias*). En el año 1985, Lucas había contratado a un ejecutivo llamado Doug Norby como presidente de la división, para implantar algo de disciplina financiera. Norby puso presión a los jefes para que armaran una lista de trabajadores a despedir. Los jefes eran Ed Catmull (el soñador que imaginó a Pixar mucho antes que produjera películas como *Toy Story* y tantas otras) y Alvy Ray Smith (el inventor de la tecnología que hizo posible la representación de películas animadas por computadora). Pero ni Catmull ni Smith se animaron a hacer la lista de potenciales despidos. Estaban decididos a proteger a su equipo. En cambio, presentaron un argumento financiero para mantener a su equipo intacto, diciendo que los despidos solo reducirían el valor de Lucasfilm.

Pero Norby, el presidente, no se conmovió y siguió presionando para que le dieran una lista de empleados para despedir. Como Catmull y Smith seguían esquivándolo, un día Norby les dió la orden que ambos fueran a su oficina con la lista de despidos. ¿Qué hicieron estos dos jefes?. Aparecieron en su oficina a las 9:00 y presentaron la lista pero esta solo tenía dos nombres: Catmull y Smith. "Todos mantuvimos nuestros trabajos", recuerda el empleado Craig Good. "Cuando se supo lo que habían hecho, los empleados juntamos dinero para enviar a Catmull, Smith y sus esposas a una noche de diversión y agradecimiento en la ciudad"[194]. Esta protección extrema del personal es rara -dice Sutton- y, a veces, puede que ni siquiera sea sabio hacerla: no se puede sostener que todo despido es injusto o innecesario.

Pero afortunadamente para esos empleados en la cuerda floja, unos meses después de este incidente (año 1986), Steve Jobs compró la división de computación de Lucasfilm por 5 millones de dólares (e invirtió otros 5), renombrándola Pixar. Y como dice el refrán, "el resto es historia". Unos 30 años después, este valiente gesto de protección todavía inspira a los empleados de Pixar.

El uso del tiempo en las reuniones

Para finalizar, cabe comentar que los equipos de trabajo suelen hacer muchas reuniones. Lamentablemente hay jefes que utilizan las reuniones para mostrar que son más importantes que el resto. A veces llegan un poco tarde –comenta Sutton– para enviar el mensaje que "la reunión no puede empezar sin mí" o mantienen a las personas más tiempo del necesario para dejarles en claro que: "soy más importante que cualquier cosa en tu vida, sea tu trabajo, tu familia, almuerzo, descanso, etc.". Esto generalmente lo hacen los jefes con hambre de poder o egos grandes.

En cambio, los buenos líderes tienen consideración por su gente y buscan que las reuniones sean lo más cortas posible: está comprobado por estudios que le toma a la gente un promedio de 25 minutos recuperarse de una interrupción y volver a concentrarse en la tarea que estaba haciendo. Según estos estudios, las interrupciones interrumpen o lentifican el pensamiento y desvían la atención hacia otras tareas.[195]

A veces los empresarios más poderosos son los que más se preocupan por hacer las reuniones puntuales. Andreessen-Horowitz por ejemplo es una exitosa empresa de capital de riesgo de Silicon Valley que invierte dinero en start-ups y emprendedores. Ha ganado miles de millones de dólares invirtiendo en empresas como Twitter y Skype. Uno de sus socios, Ben Horowitz, dice que no quiere ser como otras empresas de su industria en las que los dueños "llegan tarde a las reuniones y se la pasan mirando sus teléfonos y computadoras". Para desalentar estas conductas desconsideradas, Horowitz le cobra a sus socios una multa de 10 dólares por minuto, cuando llegan tarde a una reunión.[196] Hay entonces una penalidad por hacer esperar a jóvenes emprendedores que buscan financiación.

Otra medida para tener reuniones efectivas es hacerlas de parado. Según estudios sobre 56 grupos de personas paradas y 55 sentadas, los grupos que tuvieron reuniones de parado tardaron un 34 por ciento menos de tiempo en llegar a una decisión.[197] Hay una larga historia de ejecutivos que tienen reuniones de parado y uno de los libros que las menciona es *Up the Organization* de Robert Townsend, un ex director de *Avis*, empresa de alquiler de autos. Según Townsend, algunas reuniones deberían ser breves. Una buena manera de lograrlo es tener una reunión de parado. "Después de un rato se ponen incómodos y no ven la hora que termine"[198].

David Darragh, director general de Reily (Nueva Orleans), hace cuatro reuniones por semana de 15 minutos de duración. Como ocurre con otras actividades, la repetición mejora los resultados y lo mismo se aplica a las reuniones. El rol de las reuniones de parado no es hablar sobre temas estratégicos de largo plazo sino tratar temas del día y acordar quien será el responsable.[199] Finalmente, hay investigaciones que demuestran que para el sistema cardiovascular es mejor estar parado (veinte o treinta minutos) que sentado, por lo que también hay un pequeño beneficio para la salud en este tipo de reuniones[200].

> Los gerentes que no comparten sus ideas con otros, no serán ascendidos.[201]
>
> **A.G. Lafley**
> **(Procter & Gamble)**

Capítulo 5

La colaboración en el equipo

Uno de los errores más comunes que promueven los medios de comunicación es que cuando hay una gran innovación, se debe a algún genio solitario como Thomas Edison o Steve Jobs. En general, se cree que hicieron todo por sí mismos. Pero es un mito porque cuando se investiga cómo ocurre la innovación, casi siempre se descubre que estos innovadores formaban parte de equipos con gente muy talentosa. Es importante entonces ver la innovación como un *trabajo de equipo*. En una entrevista conjunta a Steve Jobs y Bill Gates en 2007, Jobs señala:

> Los dos fuimos increíblemente afortunados de haber tenido buenos socios con quienes iniciamos las empresas y de haber atraído gente maravillosa. Todo lo que se hizo en Apple y Microsoft fue hecho por gente notable.[202]

El *Power Point* por ejemplo fue inventado por Robert Gaskins con la colaboración de Dennis Austin y Thomas Rudkin que trabajaban en una empresa pequeña -Forethought- comprada por Microsoft. Después de la adquisición por Microsoft, llevó 3 años para que el *Power Point* estuviera listo. En el blog personal de Gaskins, puede verse una foto de él con su equipo de Microsoft, alrededor de 40 personas.[203] El *Excel* fue realizado por un equipo liderado por el ingeniero Douglas

Klunder, un empleado de Microsoft. "El Excel fue mi bebé" dice Klunder en una entrevista en 2015.[204] El *iPod* de Apple, el MP3 más exitoso de la historia, fue inventado por Tony Fadell quien al día de hoy se lo considera el inventor o "padre del *iPod*". Fadell era un talentoso ingeniero que trabajaba para *Philips Electronics* donde presentó su idea original pero no encontró una respuesta positiva del management. Sin embargo, en Silicon Valley se conocía su capacidad. Entonces Jon Rubinstein (vicepresidente de hardware de Apple) lo llamó para una entrevista y le terminó ofreciendo un contrato de seis semanas para desarrollar un prototipo para Apple.

En Apple pensaban que se podía hacer un mejor MP3 y le pidieron a Fadell que hiciera algunos diseños, describiendo cómo se podría construir, qué tipo de componentes tendría, cuánto costaría y toda la investigación básica de lo que sería el *iPod*.[205] Diseñó tres prototipos que presentó a Jobs y su grupo de ejecutivos para que decidieran cuál de los tres fabricarían. Fue en parte gracias a Fadell que Apple pudo desarrollar el *iPod* en tiempo record, apenas 9 meses: febrero a octubre de 2001. Thomas Edison tampoco hizo las cosas solo: tenía un famoso laboratorio en Menlo Park (New Jersey) con muchas personas talentosas que trabajaban para él. Había una íntima colaboración entre Edison y sus compañeros.

El equipo de Menlo Park era de 14 personas incluido Edison. De estos, 5 tenían un rol destacado: Charles Batchelor, John Adams, John Kruesi, John Ott y Charles Wurth. Edison trabajaba más estrechamente con Batchelor, un inglés cuyo entrenamiento en mecánica y dibujo complementaba (y bajaba a la tierra) las "locas" ideas de Edison. La relación entre Edison y Batchelor está demostrada por su acuerdo de dividirse las ganancias de sus invenciones 50-50 y de recibir acciones de las empresas que creaban. Muchos de los grandes descubrimientos en electricidad, el telégrafo o el fonógrafo son atribuidas a ideas de Batchelor, Adams, o algunos de los que trabajaban en estos proyectos mientras que Edison se ocupaba de hacer acuerdos con clientes o de buscar inversores. Cuando un experimento se veía prometedor, Edison no dudaba en abrir una nueva empresa y armar un equipo para llevarla adelante.[206] Así lo hizo con *Edison General*

Electric Company, hoy conocida como *General Electric* donde Batchelor fue tesorero y gerente general. Otro caso es el de Henry Ford: ¿Qué hubiese sido de él sin William Klann y Max Wollering? Klan recordemos dijo: "Si pueden matar cerdos y vacas de esa manera, podemos construir autos de esa manera" de la cual surgió la idea de *la línea de ensamblaje*. Wollering fue el inventor de las herramientas para taladrar, cortar y triturar que hizo posible que la Ford Motor pudiera producir partes intercambiables.

En la ciencia las grandes ideas también surgieron por el aporte de muchos que precedieron al genio "solitario". Así ocurrió en los casos de Newton y Darwin. Cuando le preguntaron a Isaac Newton cómo había llegado a descubrir la *teoría de la gravedad*, el respondió que el trabajo difícil lo hicieron los filósofos griegos. Aristarco de Samos pensó que la Tierra giraba alrededor del Sol y no al revés; Nicolás Copérnico redescubrió la idea después de haber permanecido sepultada durante siglos; Johannes Kepler descubrió que los planetas se movían describiendo órbitas elípticas, y no circulares alrededor del Sol y Galileo perfeccionó un telescopio que le permitió ver que, efectivamente, las órbitas eran elípticas.

Así, una vez que supo que los planetas no tenían una trayectoria circular sino elíptica, fue evidente que aquello que los movía era la fuerza de la gravedad. Newton lo resumió en una frase famosa: "Yo pude ver más lejos que los demás porque estaba sobre los hombros de gigantes".[207] Charles Darwin, autor de *El origen de las especies* (1859), de la cual surge su teoría de la evolución, también necesitó del conocimiento de otras personas. Darwin fue un prolífico escritor de cartas e intercambió correspondencia con casi 2000 personas durante su vida (1809-1882) para aprender y obtener conocimientos. Se sabe de la existencia de 14500 cartas, una colección que está en la Universidad de Cambridge. Estas cartas fueron "absolutamente esenciales" para lo que Darwin logró. Así es como reunió y discutió datos e ideas.[208]

Cuando las grandes empresas crean alguna innovación popular, tampoco lo hace un "genio solitario". Por ejemplo, el blanqueador de dientes *Crest Whitestrips* de Procter & Gamble fue creado por 3 áreas diferentes: personas de la división de cuidado bucal proveyeron el conocimiento para el blanqueo de dientes; personas de la división de cuidado de la casa proveyeron el líquido blanqueador y personas de investigación y desarrollo, la tecnología de las tiras que se pegan en los dientes para blanquearlos.

Dado que la colaboración en equipo hace posible la innovación, en Procter & Gamble crearon más de 20 comunidades de trabajo -un total de 8.000 empleados- para resolver problemas de diferentes áreas (perfumes, cremas para la piel, productos químicos, detergentes, *packaging*, etc.) y un site llamado "pregúntame" (*ask me*) donde los empleados pueden presentar problemas y preguntas que son enviados a gente con experiencia en el tema. El ex CEO de Procter, A.G. Lafley dijo: "Lo que más distingue a este grupo de hombres y mujeres es su habilidad para trabajar *colaborativamente*".[209]

El concepto de personas *T-Shape*

En Silicon Valley las empresas que innovan buscan contratar personas T-Shape en donde la *vertical* de la T significa el grado de profundidad que tiene la persona en alguna disciplina (computación, diseño gráfico, economía, etc.) mientras que la *horizontal* de la T significa empatía (la habilidad de ponerse en los zapatos del cliente e identificarse con su perspectiva) y buena predisposición para trabajar en equipos multidisciplinarios. Tim Brown, CEO de IDEO, dice que no quieren personas que tengan un conocimiento genial en un área pero que carezcan de empatía y actitud para trabajar en equipo.[210] ¿Cómo hacen para detectar candidatos con estos rasgos?

En la entrevista se fijan si el candidato habla solo de él y sus logros o si habla de cómo otros lo ayudaron a lograr algo. En este segundo caso, hay evidencia de empatía e interés en trabajar con otras personas. Además, IDEO tiene muchas pasantías donde se observan cómo trabajan los candidatos antes de contratarlos. Para ascenderlos se fijan si han desarrollado la colaboración, si son buscados por otros para integrar equipos y si publican y comparten sus conocimientos en los blogs que tiene IDEO. Brown dice que Nike, Procter y Apple también tienen la noción de *T-Shape* aunque no sean tan explícitas como IDEO.

En resumen, la innovación es un trabajo basado en la *colaboración*. Esto no significa negar el valor extraordinario del genio individual sino destacar el hecho de que nadie, por más brillante que sea, logra todo solo o posee todo el conocimiento. Siguiendo esta perspectiva, las personas que hay que tratar de tener en un equipo de innovación, aconseja Sutton, son aquellas que son creativas e inteligentes pero que además i) no son egoístas, ii) comparten sus ideas con otros o usan las ideas de otros pero reconociéndoles su mérito y iii) ayudan a otras personas a tener éxito[211].

El trabajo de un buen líder de innovación consiste pues en armar un equipo siguiendo estas premisas y no buscar el genio solitario dentro o fuera de su empresa. Es más, si en un equipo hay algún genio solitario o una persona con alto rendimiento individual pero que *socava la energía del equipo* por no ser suficientemente colaborativo, el equipo no rendirá al máximo. Y esta es una de las cosas que el líder debe vigilar porque, como veremos más adelante, un solo miembro negativo puede *reducir la performance de un equipo de un 30% a 40%.*

Obstáculos a la colaboración

Hay actitudes que conspiran contra la colaboración y dificultan la innovación. Puede ocurrir que los jefes prediquen colaboración pero sin ayudarse entre ellos, lo que envía un mensaje hipócrita o contradictorio a sus equipos. Cuando los jefes no dan el ejemplo, no puede esperarse que otros se comporten de manera diferente. Otro caso es cuando una división trabaja bien en equipo pero se rehúsa a colaborar y prestar ayuda a las demás, transmitiendo un mensaje de egoísmo y poca colaboración que se convierte en un círculo vicioso. También puede ocurrir que un jefe disponga se trabaje en equipo cuando no hay razones para ello o bien que pida recursos cuando se necesitan para un trabajo más urgente. Por último, puede haber empleados que utilicen el trabajo en equipo como excusa para no cumplir con sus *responsabilidades personales*. Es lo que ocurre con los que circulan por diferentes divisiones dando una mano, pero *sin terminar lo que les fue asignado individualmente* o los que integran equipos sin hacer la parte que les corresponde: se los conoce como *butterflies*, esto es, "mariposas" porque revoletean por distintas divisiones.

También puede ocurrir -señala Sutton- que la empresa establezca un sistema de evaluación que lleve a una competencia *disfuncional*, como ocurrió en General Electric y Microsoft.[212] General Electric, la empresa fundada por Thomas Edison, solía tener un sistema donde el 10% de los empleados (los considerados "C") eran despedidos, el 20% (los "A") se llevaban los mejores bonos y premios y el restante 70% (los "B") se repartían las sobras. Este sistema de evaluación conocido como curva o campana de Gauss ("rank and yank system"), desmoralizaba a los empleados y así lo admitieron muchos ejecutivos de General Electric.

Con este tipo de evaluación forzada, las personas no tienen incentivos de ayudar a otros. Por el contrario, tienen un incentivo para conspirar contra otros, hablar mal de otros, retacear ayuda y otras actitudes negativas con el fin de obtener una mejor evaluación. Este sistema se cambió y hoy se define a los mejores (los "A") como aquellos que no solo tienen alto rendimiento sino que además *ayudan a sus colegas y al negocio a prosperar*.

Microsoft tuvo un sistema de evaluación parecido conocido como "stack ranking" que obliga a cada unidad a clasificar a un cierto porcentaje de empleados como de i) alto desempeño, ii) buen desempeño, iii) promedio y iv) bajo. Muchos empleados de Microsoft a los que entrevistó *Vanity Fair* (2012), citaron este sistema evaluativo como el "proceso más destructivo dentro de Microsoft", algo que condujo a un número indeterminado de empleados a dejar la empresa. Piensa si estuvieras en un equipo de diez personas -dijo un empleado- y entraras al primer día de trabajo sabiendo que, "no importa lo bueno que sean todos, solo dos van a recibir una excelente evaluación, siete tendrán evaluaciones mediocres y una persona una evaluación terrible".[213]

Esto hace que los empleados se enfoquen en competir entre ellos en vez de competir con otras empresas. El experto en calidad W. Edwards Deming despreciaba estos sistemas de evaluación porque obligan a los jefes a calificar como malos a empleados cuyo trabajo es de buena o gran calidad. Cuando las personas reciben evaluaciones injustas y negativas pueden quedarse resentidas, heridas, amargadas, con sentimientos de inferioridad o deprimidas. Muchas quedan desmoralizadas para el trabajo por varias semanas, incapaces de comprender porque se las considera inferior a las demás.[214]

La mentalidad de silo

Otro caso que conspira contra la colaboración es lo que se conoce como *mentalidad de silo*. Los *silos* son depósitos cerrados donde se almacena maíz, trigo, etc. que están ubicados a cierta distancia unos de otros (ej. silobolsas). El carácter cerrado de estos depósitos es una metáfora que alude a la extrema independencia y falta de colaboración que puede haber entre las diferentes divisiones de una empresa. La mentalidad de silo puede darse por varias causas. Puede ocurrir que la gente desarrolle una identificación exclusiva con su división, forjando una *cultura de aislamiento*. A medida que las personas pasan tiempo exclusivamente con gente de su división y nada con la de otras divisiones, limitan sus puntos de vista y refuerzan sus ideas y creencias. En otras palabras, tienden a pensar igual que los de su división.

En la década de 1990, un estudio sobre 120 equipos de Hewlett-Packard ("HP") encontró evidencia de esto.[215] Los miembros de estos equipos desarrollaron una cultura de aislamiento: preferían resolver sus problemas internamente pues creían que estos eran solo propios de su división. Se *negaban a pedir ayuda a otras divisiones* y como consecuencia su performance decayó.

En un caso, gerentes de HP en Francia se rehusaron a ir a las oficinas de HP en Bélgica porque, a pesar que la fábrica de HP en

Bélgica funcionaba mejor que la de Francia, no creían que sus colegas belgas pudieran enseñarle algo útil, en parte porque veían sus problemas como únicos. Aunque no lo eran.

Otro caso de mentalidad de silo es la actitud de *no compartir ideas y conocimientos* porque "El conocimiento da poder", lo que significa, en este contexto, que una persona se cree más poderosa cuanto más sabe sobre algo y *menos saben los demás*. Hay gente que se niega ayudar a otros porque piensa: "¿Por qué compartir mis conocimientos con otros si esto me hace menos poderoso y en última instancia prescindible?". Otra causa puede ser el *sistema de incentivos*: muchas empresas fijan recompensas solo por el trabajo realizado *dentro* de cada división. Pero este tipo de incentivo hace que las personas pongan atención solo a sus los objetivos de su división, rehusando ayudar a gente *fuera* de su división o unidad. Otra causa es discutir y pelear sobre *quien tiene derecho a desarrollar ciertos productos*. En HP competían por las mismas oportunidades y estos los llevaba a retacear colaboración. Cuando llegaba el momento de transferir tecnología de una división a otra, muchos ingenieros se mostraban reacios a colaborar en lo que percibían como relaciones de competencia entre su división y la división que pedía la tecnología.[216]

Sony es una empresa que se caracterizaba por divisiones que sentían orgullo por competir entre ellas. Se alentaba a los ingenieros a superar a sus colegas. Pero el desarrollo del sistema *Connect*, el "MP3" de Sony que pretendía competir con el *iPod* de Apple, requería el trabajo conjunto de cinco divisiones distintas (los equipos de Sony Music en Japón, Sony Music en Estados Unidos, Sony Electronics de Estados Unidos, etc.). El problema es que cada división tenía su propia idea de lo que había que hacer. Mientras que el equipo de Sony en Estados Unidos quería usar un disco rígido para la música, el equipo de Sony en Japón quería usar el MiniDisc y así con otras diferencias. Howard Stringer, el ex CEO de Sony Estados Unidos, recuerda: "¿Qué salió mal en Sony? Los silos fueron una gran parte de esto"[217].

El resultado fue el fracaso total de *Connect*, una decepción para la empresa que en 1979 había asombrado al mundo con su Walkman. En enero de 2006, Sony pidió disculpas públicas a sus clientes en Europa y Japón y en agosto de 2007 Stringer dio por terminada la fabricación de *Connect*. En cambio, gran parte del éxito de Apple es que todas las divisiones trabajaron en conjunto para desarrollar *el iPod*. Jeff Robbin (Apple) comenta que fue un "increíble proyecto de equipo. No había divisiones separadas: los chicos de software, los de hardware, los de firmware, todos trabajando juntos. Fue una experiencia increíble"[218].

Incentivos a la colaboración

Ante estos obstáculos ¿Cómo crear incentivos que fomenten la colaboración? En el caso de *General Electric*, vimos que para ser calificado y retribuido como un empleado o jefe de tipo "A" no solo es necesario hacer bien el trabajo sino además, ayudar a otros a tener éxito. Pero hay otros incentivos que fomentan la colaboración. Procter and Gamble por ejemplo, no usa ningún método sofisticado para retribuir a sus empleados pero su ex CEO, A.G. Lafley, solía advertir que los gerentes que no comparten sus ideas con otros, simplemente "no serán ascendidos"[219]. En Corning, los científicos tienen la posibilidad de lograr el título de *Fellow* que implica jubilarse en la empresa y además tener su propio laboratorio de investigación. Pero para ello, los evalúan según tres criterios: i) la opinión de sus colegas, ii) ser autor de una patente que haya generado 100 millones de dólares y iii) ser autor secundario de la patente de un colega, es decir, haber colaborado en una patente generada por otro.[220]

Uno de los problemas más comunes que tienen las empresas es diseñar un incentivo económico que fomente la colaboración. Muchas empresas predican colaboración pero a la hora de retribuir o pagar bonos y premios solo tienen en cuenta la performance individual. En otras palabras, envían a sus empleados un mensaje contradictorio: "coopera y ayuda a quien lo necesite pero….solo te pagaremos por tus tareas individuales". Este tipo de incentivos perversos o mal diseñados son comunes en otras áreas; por ejemplo, en el basketball universitario de Estados Unidos el jugador que le pasa la pelota a su compañero no va a acumular buenas estadísticas de puntos individuales y tendrá menos chances que lo contrate un equipo profesional de la NBA. Por tanto es más racional para estos jugadores pensar en ellos primero, es decir, tratar de embocar la bola por sí mismos, en vez de pasársela a un compañero.[221]

Hay que tener cuidado con poner incentivos por objetivos exclusivamente individuales porque la gente no tendrá incentivo a colaborar o trabajar bien en equipo. Para evitar este tipo de incentivos contradictorios, la consultora Bain & Company estructura el bono de cada socio en un 50% basado en performance individual y el otro 50% basado en colaboraciones comprobadas.[222] Para implementarlo, se ocupa de juntar todos los datos sobre colaboración de modo de poder evaluar a cada socio en varios aspectos. En síntesis, para fomentar el trabajo en equipo lo mejor es fijar un incentivo económico que tenga en cuenta un balance entre tareas individuales y tareas colaborativas.

La mezcla de novatos y expertos

Según vimos, la innovación es un trabajo en equipo. Ahora bien ¿Cómo se arma un equipo creativo? ¿Qué tipo de personas conviene lo integren? ¿Cuántos miembros debería tener? Lo ideal es mezclar *expertos* y *novatos* y hacerlos trabajar juntos. Los expertos saben lo que se puede hacer y lo que no, lo cual es fantástico en la mayoría de los casos. No obstante, cabe advertir que todo conocimiento tiene el carácter de provisorio: está siempre sujeto a refutaciones posteriores, correcciones y nuevos descubrimientos dice el filósofo de la ciencia Karl Popper (1902-1994). El problema es que muchos expertos suponen que lo saben todo y que no hay nada más por descubrir. Tienen opiniones firmes e inamovibles: no son buenos para cambiar de punto de vista o tener una mirada diferente.

En cambio, los novatos, precisamente porque no saben que se puede y no puede hacer, pueden aportar una mirada distinta, libre de las limitaciones y costumbres que tiene cada industria o rama del conocimiento. Un ejemplo de la técnica de mezclar novatos y expertos es la de Jane Goodall y Louis Leakey, un famoso antropólogo inglés.

Leakey creía que el estudio de los chimpancés podía aportar conocimiento para el estudio de los primeros humanos y estaba buscando un investigador para realizar observaciones en la selva. En 1960 contrató a Goodall y la envió a África por dos años para hacer observaciones.

Goodall era una novata en el estudio de los animales: no tenía conocimientos académicos ni título universitario. Era una chica inglesa de 26 años de edad que se ganaba la vida en un trabajo administrativo pero amaba los animales y las novelas de Tarzán. Al principio Goodall dudó en tomar el trabajo porque no tenía ningún conocimiento universitario. Pero Leakey le dijo que este conocimiento no era necesario porque tenía serios atrasos y desventajas que la iban a condicionar sobre lo que ella observaría. Ella recuerda que él quería alguien con una mente abierta y "no condicionada por teorías previas" que hiciera el estudio simplemente por el deseo de aprender.[223]

Ambos se dieron cuenta que si ella no hubiese sido tan ignorante de las teorías existentes, nunca hubiera podido observar y explicar tantas cosas sobre el comportamiento de los chimpancés. Poco tiempo después, gracias a las investigaciones que hizo en África y la ayuda de Leakey, logró ser aceptada por la Universidad de Cambridge para hacer un doctorado en etología, la rama de la biología que estudia el comportamiento de los animales, el cual terminó en 1965. Goodall no es la única novata que mediante una "mirada ingenua" terminó revolucionando una ciencia.

A principios del siglo 20, un joven físico alemán escribió 4 artículos que cambiaron el paradigma de la física. Tenía solo 26 años de edad. Su nombre es Albert Einstein. Las personas que cambian los *paradigmas* científicos son, generalmente, jóvenes explica el filósofo de la ciencia Thomas Kuhn. Al no estar condicionados por las reglas previas de esa ciencia, tienen más probabilidad de ver que estas ya no sirven.[224] También fueron jóvenes los que revolucionaron la industria del software: Steve Jobs inició Apple a los 21 años de edad y Bill Gates fundó Microsoft a los 20. Esto también ocurrió en el mundo de las redes sociales: Mark Zuckerberg creó Facebook a los 20 años de edad.

El aporte de los novatos también se da con productos populares como la *PlayStation* de Sony. Los ingenieros que desarrollaron esta consola eran novatos en la industria de los videos juegos. Shigeo Maruyama (Sony) recuerda que fueron afortunados de ser amateurs. "No estabámos preocupados con las prácticas y costumbres de esta industria. Empezamos de cero y dejamos que las ideas fluyan sin freno alguno".[225] A veces los novatos encuentran el camino adecuado gracias al consejo de los expertos. Es el caso de Larry Page que dejó la universidad para fundar Google. Page dice que su profesor Terry Winograd le dio "el mejor consejo de su vida": se refiere al consejo para que investigara, en su tesis universitaria, el algoritmo que lo llevó a crear el buscador Google.

El aporte de los novatos también ocurre en los procesos industriales. El historiador Elting Morrison explica que, en el siglo 19, diez empresas estadounidenses de acero adoptaron el proceso Bessemer. Como era un invento usado en Inglaterra, la mayoría de estas empresas importó trabajadores ingleses con experiencia, excepto Cambria. Al principio todas lo hicieron bien, excepto Cambria, que no tenía expertos ingleses. Sin embargo, con el tiempo fue esta empresa la que terminó dominando el mercado estadounidense. Este éxito, dice el presidente de Cambria, se debió en parte a que "Empezamos la fábrica sin ningún hombre que hubiese visto alguna vez una fábrica Bessemer. Tuvimos aprendices que no tenían prejuicios ni costumbres sobre lo que se había hecho en Inglaterra"[226].

Combinando habilidades ejecutivas y creativas

Otra variante para armar equipos es combinar personas con habilidades creativas (*creative skills*) y otras con habilidades ejecutivas (*delivery skills*). Mark Zuckerberg, el creativo de Facebook, contrató en 2008 a Sheryl Sandberg como directora de operaciones de Facebook, para que aplicara sus habilidades ejecutivas. Sandberg es una brillante ejecutiva egresada de Harvard que había trabajado previamente en Google y como jefa del gabinete de Lawrence Summers, secretario del

Tesoro de los Estados Unidos. Zuckerberg está agradecido que Sandberg "maneje las cosas que no quiero", como la estrategia de publicidad, las contrataciones, los despidos y los problemas políticos. "Todas esas cosas que yo tendría que hacer, ella las hace mejor"[227].

Al llegar a Facebook (2008), la mayor preocupación de Sandberg era de tipo financiero: "Había una duda importante: ¿podríamos ganar dinero, alguna vez?". Uno de los obstáculos es que las personas consideraban sus páginas de Facebook privadas y no querían verlas interrumpidas con avisos comerciales cuando chateaban con amigos. Pero estos avisos son los que generan ingresos. Facebook había estado perdiendo dinero hasta que llegó Sandberg pero para 2010, ya era una empresa muy rentable: en tres años, creció de 130 empleados a 2500 y de 70 millones de usuarios a casi 700 millones. Las habilidades creativas son importantes para la creación de productos innovadores pero las ejecutivas también porque los hacen rentables, monetizables.

Los fundadores de Google (Larry Page y Sergey Brin), contrataron en 2001 a Eric Schmidt (CEO), un ejecutivo que había trabajado previamente para AT&T, Xerox, Novell y Sun Microsystems. A Schmidt le encargaron armar la infraestructura corporativa necesaria para impulsar el crecimiento de Google y garantizar que la calidad se mantenga alta[228].

Pierre Omidyar, el fundador de eBay, tenía claro que su fuerte era la creatividad y su debilidad la ejecución. Ante la necesidad de más habilidades ejecutivas, contrató a Jeff Skoll, un MBA egresado de Stanford, para dirigir eBay. Omidyar comenta:

Jeff y yo tenemos habilidades que se complementan (…) Él es quien escucha una idea mía y dice Ok, veamos cómo lo podemos hacer.[229]

Los autores de *The Innovator's DNA* dicen que un equipo de innovación necesita de la creatividad para generar ideas novedosas pero también del trabajo ejecutivo para implementarlas. Los buenos líderes lo saben y conscientemente piensan en la composición del equipo, asegurándose que haya un balance suficiente entre *habilidades creativas* y *ejecutivas*. Algunas veces las habilidades creativas pesan más que las ejecutivas; por ejemplo, cuando se está creando el producto o pensando la estrategia de marketing. Otras veces pesan más las habilidades ejecutivas como en los equipos de finanzas o fabricación. Lo ideal es saber quiénes poseen las distintas habilidades y combinarlas en forma complementaria, como hizo Zuckerberg al contratar a Sandberg.

Además de esta complementariedad, la innovación requiere de equipos *multidisciplinarios*, es decir, de personas con diferentes profesiones y oficios. IDEO, una empresa dedicada a diseñar productos para diferentes industrias, suele armar equipos multidisciplinarios que abarcan tres áreas: i) el *factor humano*, para determinar si una idea innovadora es "deseable"; ii) el *factor técnico*, para determinar si una idea es técnicamente posible y iii) el *factor negocios*, para determinar si la idea es viable económicamente, monetizable. En el factor humano, IDEO incluye en sus equipos gente que tiene conocimiento en ciencias sociales, como antropólogos y psicólogos[230].

Por ejemplo, si tiene que diseñar un servicio para personas que usan sillas de ruedas, las personas del *factor humano* se asegurarán de pasar un día usando la silla de ruedas para comprender el punto de vista de una persona en esta situación. En cambio, las personas del *factor técnico* son más bien ingenieros y mecánicos que se ocupan que la silla funcione apropiadamente, para lo cual estudiarán el funcionamiento de sus frenos y ruedas, los materiales con que debe ser construida, la resistencia, el peso, etc. Finalmente las personas del *factor negocios* son aquellas con profesión de contadores, especialistas en finanzas, marketing y administradores de empresas que analizan la viabilidad económica de la idea, los fondos para financiarla, los costos, el potencial de ganancias y los canales de venta y publicidad (el *road to market* o ruta al mercado).

Al armar equipos con personas de profesiones distintas pero complementarias, IDEO tiene la posibilidad de analizar servicios y productos desde varios ángulos distintos. Por eso no sorprende que haya producido tantas innovaciones. Apple y Disney también usan equipos multidisciplinarios.[231] Según dijimos antes, el equipo que diseñó la Mac estaba compuesto por músicos, poetas, artistas, zoólogos e historiadores que además eran los mejores científicos informáticos del mundo. Y los miembros de los *Disney imagineers* incluyen dibujantes, cineastas, ingenieros, especialistas en imágenes con software, vestuaristas, arquitectos y personas con conocimientos en mecánica y electricidad. Esto hizo posible diseñar los muñecos animados de *Los Piratas del Caribe* y otras atracciones mecánicas. En síntesis las empresas innovadoras arman sus equipos no solo con una mezcla de personas que poseen habilidades creativas y ejecutivas sino también de diferentes profesiones y oficios para así mirar los problemas desde múltiples perspectivas.

Cantidad de miembros ideal para un equipo

Las empresas innovadoras suelen formar equipos pequeños. Amazon usa la filosofía de "Two Pizza Team", es decir, el equipo debe ser lo suficientemente pequeño como para ser alimentado por dos pizzas: 6 a 10 personas. Al tener muchos equipos pequeños, Amazon puede trabajar en un gran número de proyectos y así probar distintos modelos de productos o servicios. De la misma manera, los ingenieros de Google trabajan en equipos de 3 a 6 personas. Google trata que sean equipos pequeños porque no "hay mucha productividad en los grupos grandes"[232]. El resultado es una organización flexible con equipos ocupados en cientos de proyectos, una estrategia que Schmidt llama "dejar que florezcan mil flores" parafraseando a Mao. Con cientos de pequeños equipos desarrollando ideas, no sorprende que Google invente tantos productos novedosos. Los autores de *The Innovator's DNA* dicen que muchas empresas fallan al tratar de innovar porque no entienden un principio organizativo básico y es que cuanto más radical la innovación, más *autonomía* debe tener el equipo respecto del resto de la estructura de la empresa.

Apple intenta actuar conscientemente como si todavía fuese una *start-up*, poniendo equipos pequeños en proyectos cruciales. Por ejemplo, solo 2 ingenieros escribieron el código del navegador Safari para el *iPad*, un proyecto desafiante.[233] En una entrevista de 2010, Jobs sostuvo que Apple es una empresa que no tiene todos los recursos. "Y la manera en que hemos tenido éxito es eligiendo, con mucho cuidado, qué caballos montar". A primera vista esta afirmación parece absurda porque Apple tiene hoy unos 200 mil millones de dólares entre efectivo e inversiones, según estimaciones de febrero de 2022.[234] Sin embargo, los comienzos de Apple en la década de 1970 fueron difíciles y de esa época quedó la costumbre de actuar *como si los recursos fueran escasos*. Siempre hemos "luchado por los recursos", dice un ejecutivo de Apple. Steve (Jobs) y Tim (Cook) quieren estar seguros que "necesitas los recursos que estás pidiendo"[235].

Bill Campbell (1940-2016) fue un famoso ejecutivo de Silicon Valley, conocido por ser el mentor de muchos innovadores como Larry Page y Steve Jobs, entre otros. No solo estaba en el directorio de Apple, empresa a la que ayudó a sobrevivir cuando estaba al borde de la bancarrota en 1997, sino que durante muchos años salía a pasear con Jobs los domingos con Jobs (vivían en el mismo vecindario) para hablar un par de horas sobre el estilo de gestión y los problemas personales de Jobs. En una charla que Campbell dio antes de morir, le dijo a un grupo de ejecutivos en Silicon Valley: "la mayoría de ustedes tienen consejos de administración y directorios que son demasiado grandes" y describió cómo en el directorio de Apple solo hay 7 personas pero no pasan mucho tiempo reuniéndose porque generalmente se dividen en subgrupos.[236]

Uno de los problemas que ocurren en las grandes empresas es que arman equipos grandes debido a la emoción de lo grande y también al poder político que ello implica: si un ejecutivo tiene un equipo numeroso es como una señal que "él es muy importante". El investigador J. Richard Hackman (Harvard) ha pasado casi 50 años estudiando equipos de todo tipo: pilotos de avión, médicos, equipos de desarrollo de productos, orquestas sinfónicas, comandos militares, etc.[237] La cantidad ideal, concluye Hackman, es de 4 a 6 miembros y en ningún caso un equipo debe tener más de 10 miembros, porque a medida que el equipo aumenta de tamaño, los problemas de organización y desempeño crecen "exponencialmente", por ejemplo, aumentan las discusiones sobre quién está a cargo de determinada tarea.

James H. Webb, un infante de marina, dice que la unidad de combate se redujo de 12 miembros a 4 durante la Segunda Guerra Mundial. Webb dice que los grupos de 12 eran "inmensamente difíciles" de controlar para los líderes, especialmente en las situaciones de estrés y confusión que generan las guerras. Las soluciones de problemas de coordinación y las relaciones de amistad que llevan a los soldados a "dar la vida por su compañero o amigo", eran más difíciles de crear o mantener en los grupos de 12. Los equipos de comando marinos (ej. *Navy Seals*) también entienden que 4 es el número óptimo para el combate. Los equipos de la consultora McKinsey se componen de 3 miembros y un gerente.

Brad Smith, CEO de Intuit -una exitosa empresa de software contable- dice que los equipos de desarrollo no pueden ser más grandes que el número de personas alimentadas por dos pizzas, porque esto los ayuda a permanecer ágiles y a tomar decisiones rápidamente. Esta lección también se aplica a organizaciones pequeñas como el equipo que desarrolló la app *Pulse News*, creada para el *iPad* por dos estudiantes de Stanford, Akshay Kothari y Ankit Gupta. Estos inventores dicen que después que dividieron su *staff* de 8 personas en tres equipos, la gente produjo mejor software, más rápido y con menos conversaciones y discusiones.[238]

Estos hallazgos y experiencias demuestran por qué el promedio de reservas en restaurantes en Estados Unidos es de 4 personas. Recuerda la última vez que tuvo una cena con un grupo de 10 o 15 personas. Es difícil, quizás imposible, tener una conversación coherente y satisfactoria que involucre a todo el grupo. Generalmente, el grupo se divide en subgrupos o parejas. Una de las primeras cosas que pregunta Sutton (consultor de empresas) cuando va a una empresa que tiene conflictos, es "¿Cuántos miembros tiene tu equipo?". Si la respuesta es más de 5 o 6 miembros, especialmente más de 10, lo que aconseja es restar algunos miembros o bien dividirlos en subgrupos, algo que le ha dado buenos resultados.

En cuanto a la estabilidad, hay quienes piensan que siempre es bueno traer gente nueva al equipo. Pero aún si se incorpora gente talentosa, toma tiempo aprender a trabajar bien con otras personas, conocer sus fortalezas y debilidades. En general, cuanto más tiempo trabajen juntas, más efectivas serán. Por ejemplo, en los equipos quirúrgicos (cirujanos, anestesiólogos y enfermeras) existe evidencia de que cuanto más tiempo trabajan juntos, menor es la tasa de errores y mortalidad.[239] Lo mismo pasa con los pilotos y copilotos de avión: en 1994, la Junta Nacional de Seguridad de Transporte de los Estados Unidos encontró que 73% de los errores en aviones comerciales ocurrieron en las primeras 24 horas que un equipo trabajó codo a codo.[240] También encontró que 44% de estos errores ocurrió en el *primer vuelo del equipo.*

Un estudio sobre 98 empresas de semiconductores fundadas en Estados Unidos entre 1978 y 1985 reveló que cuando los equipos de miembros fundadores habían trabajado juntos antes en otro lugar, sus empresas tuvieron más éxito financiero en los primeros dos años, éxito que continuó aumentando en los años siguientes.[241] Finalmente, los equipos también necesitan "sangre nueva" para producir ideas diferentes porque hay un momento en que se vuelven obsoletos, es decir, la productividad y creatividad disminuyen con los años: un estudio sobre equipos de *investigación y desarrollo*, reveló que sus miembros son productivos durante los primeros cuatro años pero que esta productividad comienza a disminuir después de, aproximadamente, cinco años.[242] Por tanto, la "sangre nueva" es recomendable para equipos que superan los cinco años con los mismos miembros.

El negativismo en el equipo

Uno de los problemas más graves que puede tener un equipo es que haya miembros que sean negativos, problemáticos o directamente malas personas, tema que se conoce como las "manzanas podridas" del cajón. La innovación requiere de un espíritu positivo, de confianza en que lo imposible es posible. Es difícil de lograr. Por tanto cualquier persona que sea negativa o problemática puede destruir el ambiente de trabajo. Según una serie de estudios resumidos por Will Felps y sus colegas, una "manzana podrida" en un grupo pequeño, es decir, alguien que es desagradable, negativo, perezoso, egoísta, grosero o incompetente, puede reducir el rendimiento del equipo entre un 30 al 40 por ciento, en comparación con equipos que no tienen este tipo de miembros.[243]

Y hay tres razones por las que estas personas reducen el rendimiento. La primera es que *contagian su negatividad a otros miembros*, es decir, los otros terminan copiando sus malas actitudes. Ver a otro actuando antisocialmente hace que los demás miembros se sientan *menos inhibidos de comportarse de igual manera*. En un experimento que Felps llevó a cabo con un grupo pequeño, observó que "cuando alguien se portaba como un idiota", los demás miembros empezaban a copiar sus actitudes. Se da un efecto de imitación o cascada (*spillover effect*). El miembro que es "manzana podrida" termina pues pudriendo a las demás "manzanas" del cajón.

La segunda es que las personas terminan pasando más tiempo tratando con el miembro negativo, comentando lo que hace o dice y *menos tiempo haciendo su trabajo*. Los estudios indican que los sentimientos de ansiedad, enojo o tristeza que generan los miembros negativos, terminan distrayendo y desmotivando al equipo. Para protegerse de estas actitudes negativas, algunos miembros pueden tratar de no prestarle atención y para eso buscan experiencias positivas como salir a almorzar, tomar unos tragos (*happy hour*) o navegar por internet pero todo esto son factores que distraen y afectan el rendimiento del equipo.

La tercera razón es que la negatividad *reduce la creatividad del equipo*. Según los estudios, los equipos compuestos por miembros emocionalmente inestables tienen *menos ideas que aquellos con miembros estables y calmos*. Equipos con dos miembros problemáticos y dos miembros estables también tienen menos creatividad. También hay estudios que dicen que los *sentimientos positivos facilitan la creatividad.* Esta depende de varias condiciones, como el libre intercambio de ideas, la confianza en que la innovación es posible y el entusiasmo por crear algo nuevo, todo lo cual se dificulta en un ambiente negativo.

Por tanto, la posibilidad que alguien se burle o haga comentarios ácidos hace que las personas se sientan inhibidas, actúen a la defensiva o se queden calladas, disminuyendo la creatividad. En síntesis, el problema de la negatividad es que tiene un efecto multiplicativo, esto es, un efecto de contagio, imitación, distracción e inhibición de la productividad y creatividad, por más que se inicie con una sola persona. Los seres humanos se guían y comportan, generalmente, según el ejemplo que tengan más cerca. Por eso es fundamental personas con una actitud positiva y respetuosa hacia los miembros del equipo.

Ahora bien, el sello distintivo de los buenos líderes es que cuando hay un miembro problemático o negativo, lo llaman al orden: le advierten que cambie de actitud. No dejan que su mal comportamiento contamine al resto del equipo. Esto es fundamental para que los demás miembros se sientan protegidos, con seguridad psicológica. Eventualmente, el líder puede considerar sacarlo del equipo o incluso echarlo de la empresa, si ve que sus advertencias no tienen efecto. Una de las mejores "100 empresas para trabajar" en el 2008 según la lista de *Fortune* fue Baird (puesto 39), una empresa financiera del oeste de Estados Unidos. Paul Purcell, su CEO, dice que tiene por regla "no aguantar a los estúpidos". Para hacerla cumplir, Purcell le dice a la gente en las entrevistas: "Si descubro que eres un estúpido, te echo". ¿Qué es un estúpido? Para Purcell es alguien que pone constantemente sus propias necesidades delante de sus compañeros y los clientes.[244] Esta advertencia parece funcionar porque Baird escaló del puesto 39 al 11 de la lista de *Fortune* (2010) entre las mejores empresas para trabajar por su ambiente positivo.

No obstante, cabe advertir que alguien de carácter problemático puede ser transformado o convertido en alguien mejor si se lo guía y se le explica que hace mal mediante un tutor temporal. Sutton comenta el caso de un ejecutivo muy capaz técnicamente pero negativo personalmente. Entonces le dijeron: "para el próximo proyecto, vamos a ponerte a cargo pero te despediremos si actúas como lo hiciste en el último. Aunque si tienes éxito, te daremos un gran bono"[245]. El CEO supervisó este proyecto y lo entrenó personalmente y así convirtieron a este trabajador que era bueno técnicamente pero de mal carácter, en alguien mucho más agradable. Otra posibilidad es darle sesiones de *coaching*, un servicio cada vez más usado por las empresas dada la importancia que las buenas relaciones personales tienen para el éxito de los negocios.

Lo malo es más fuerte que lo bueno

Todo esto se ve reforzado por un importante estudio académico llamado "Lo Malo es Más Fuerte que lo Bueno" de Kathleen D. Vohs y colegas, donde revisaron todas las pruebas que existen sobre el efecto que tiene lo malo. Descubrieron que la gente recuerda mejor las "malas emociones, los malos padres y las malas interacciones sociales"[246]. La gente suele pensar en estos temas más que en las emociones positivas. Este estudio relata varios experimentos. En uno de estos se evaluaron 17.000 artículos de investigación publicados en revistas de psicología y se descubrió que los *temas negativos exceden los positivos en una relación de 69% a 31%*. En otro experimentó se demostró que la euforia por ganar la lotería no dura mucho y que el nivel de felicidad o infelicidad de los ganadores vuelve rápidamente a lo que era antes de ganar la lotería. Por tanto si eran negativos o amargados, volvieron a serlo a pesar de haberse vuelto millonarios. En otro estudio se descubrió que la experiencia de malas relaciones sexuales pesa mucho más que los beneficios de las buenas relaciones sexuales. En otro estudio se pidió a varias personas que recordaran recientes hechos de su vida con impacto emocional y estas *reportaron mucho más los eventos negativos que los positivos*. También se descubrió que las personas recuerdan mucho más a los jefes o compañeros que bloquearon o frenaron el logro de sus objetivos, que aquellos que los ayudaron.

En el periodismo se considera que las malas noticias atraen más que las buenas y venden más periódicos. Entrevistas con niños y adultos hasta los 50 años de edad, descubrieron que los recuerdos negativos de la infancia tienen mucho más peso que los positivos, aún en el caso de personas que tuvieron, relativamente, una infancia feliz.[247] Para ser catalogado como una mala persona, bastan algunos actos negativos mientras que los hechos positivos tienen menor peso. En un estudio con 238 pacientes con cáncer (70 fallecieron), el pesimismo de algunos pacientes tuvo una alta tasa de predicción de la mortalidad.

Finalmente, algo útil no solo para el trabajo sino para la vida de pareja, es un grupo de estudios que descubrió la regla del 5 por 1 para las relaciones románticas, noviazgos y matrimonios.[248] Esta regla significa que por cada mala interacción con la pareja se necesita, para compensarla o repararla, *al menos cinco buenas interacciones* porque, de lo contrario, la relación está destinada al fracaso. La frecuencia, intensidad y reciprocidad de las interacciones negativas son más predictivas del divorcio que las interacciones positivas.

Esta misma regla se aplica a las interacciones con jefes y compañeros de trabajo: en promedio, las interacciones negativas (por ejemplo, las discusiones fuertes, con insultos o sarcasmo) son *cinco veces más poderosas que las positivas*. Por tanto es determinante que los líderes se ocupen de advertir o sancionar a los miembros problemáticos porque si no lo hacen, su negatividad termina afectando a todo el equipo. En definitiva, sea para el trabajo de rutina y más aún para la creatividad, eliminar lo negativo es más importante que destacar lo positivo.

Si crees que puedes o que no puedes, en ambos casos tienes razón.[249]

Henry Ford

Capítulo 6

Creer en lo imposible

Una vez armado el equipo, se comienza a trabajar. ¿Con qué espíritu? Con gran optimismo, el rasgo de los innovadores. Aquí algunos ejemplos. Elon Musk dice: "Nos especializamos en hacer lo imposible."[250] Otro ejemplo es Brad Bird (Pixar), el ganador del Oscar por *The Incredibles* y *Ratatouille* que explica: "El primer paso para lograr lo imposible es creer que lo imposible se puede lograr" y, del mismo modo, Walt Disney: "es divertido hacer lo imposible"[251]. Como vemos, los innovadores creen que pueden hacer cosas fantásticas. Sin embargo, el primer paso es *creerlo*: un equipo de innovación necesita gente que comience a trabajar con *fe* en que los grandes sueños pueden lograrse, por más obstáculos y dificultades que se presenten.

La fe es importante porque reduce la tasa de fracasos a través de la *profecía auto-cumplida*: significa que si crees que puedes, podrás pero si crees que no puedes, no podrás. Se han hecho más de 500 estudios sobre la profecía auto-cumplida. Estos estudios demuestran que darle confianza a las personas, hace que estas lo hagan mejor.[252] Cuando el líder cree en su equipo y tiene expectativas positivas sobre él, el equipo termina haciéndolo mejor.

Los profesores Dov Eden y Abraham Shani (Universidad de Tel Aviv), hicieron uno de los estudios más interesantes sobre la profecía auto-cumplida, en un campamento militar del ejército israelí. [253] Al comienzo del entrenamiento, se les dio a los instructores un listado con los nombres de algunos soldados y se les dijo que estos tenían un "potencial excepcional", que lo harían muy bien en el entrenamiento.

Aunque no era cierto porque, objetivamente, *no tenían este potencial.* Ninguna otra información les fue dada a los instructores (engañados por quienes armaron este experimento). Los soldados tampoco sabían que ellos serían objeto de un estudio. Es más, fueron asignados al azar -mezclados- en diferentes equipos con el resto. Pues bien, los soldados con supuesto "potencial excepcional", lo hicieron mucho mejor que el resto, aproximadamente 50% mejor que sus compañeros, en todas las tareas, maniobras de navegación, disparo de armas, tácticas de combate, etc. ¿Por qué? Sus instructores les transmitieron confianza que serían los mejores y les brindaron todos los recursos y atención: les enseñaron a creer en sí mismos.

Los instructores actuaron como figuras paternales, como "padres" que transmiten confianza y autoestima a sus "hijos". Un líder que transmite confianza a su equipo es pues determinante para la innovación, algo difícil de lograr. El punto es que si un equipo cree que puede lograr grandes cosas y tiene un líder que transmite confianza, tenderá a ser más perseverante y enérgico.

El rol de los miembros críticos

Algunas personas con sentido crítico también pueden servir para la innovación: hay estudios que dicen que los "criticones" son mejores para ver las fallas y errores de los proyectos e ideas. En el área de préstamos bancarios por ejemplo, algunas personas críticas son mejores para cancelar los malos préstamos y ahorrar la pérdida de dinero. Este tipo de personalidad puede compensar el optimismo extremo que tienen algunos emprendedores-soñadores, que creen que sus proyectos tendrán éxito, *sin importar lo poco realista que sean.*

Algunas empresas farmacéuticas –comenta Sutton– ofrecen importantes sumas de dinero (ej. 20 mil dólares) a los gerentes que cancelan sus propios proyectos de *investigación y desarrollo*. Este dinero es un incentivo por cancelarlo a tiempo ya que hay proyectos que requieren inversiones de miles de millones de dólares y hay gerentes que los continúan, a pesar que saben que no tendrán éxito.[254] Los continúan para evitar quedar como el responsable de un fracaso que perdió miles de millones.

Un estudio hecho en Stanford descubrió que estudiantes de MBA e ingenieros con personalidad crítica fueron buenos para encontrar información negativa y tomar menos riesgos a la hora de decidir si debían manejar un auto con motor en malas condiciones.[255] Su decisión tuvo elementos de realismo, en especial si consideramos que estos estudiantes e ingenieros analizaron datos reales sobre la falla del motor del Challenger de la NASA que explotó en 1986. En definitiva, tener alguna persona crítica puede ser valioso para un equipo porque actúa como contrapeso de quienes son excesivamente soñadores.

Los miembros "optimistas pero preocupados"

Según los estudios de Christina Fong (Universidad de Washington, Seattle), las personas "emocionalmente ambivalentes" son más creativas que las totalmente optimistas o pesimistas. Los ambivalentes se parecen más a los "felices pero preocupados": personas que siempre son optimistas sobre el largo plazo *pero también se preocupan por cada pequeño detalle.* David Kelly, el fundador de IDEO, es el ejemplo clásico de alguien optimista sobre el largo plazo, pero siempre preocupado por los detalles. Esta es la actitud ideal de un líder de innovación. Los gerentes deben reconocer que la ambivalencia emocional puede tener "consecuencias positivas para el éxito de la organización". En uno de estos estudios, se pidió a 102 estudiantes universitarios que escribieran sobre ciertas experiencias emocionales en sus vidas con el objeto de invocar en ellos sentimientos de felicidad, tristeza, ambivalencia o neutralidad. Luego completaron una prueba de creatividad llamada *Remote Associates Test* que exploraba la capacidad para reconocer temas comunes entre palabras aparentemente no relacionadas. Los resultados demostraron que no hubo diferencias entre los individuos felices, tristes y neutros. En cambio, las personas "emocionalmente ambivalentes" se desempeñaron mucho mejor en esta tarea de creatividad.

Cuando las personas sienten emociones mixtas o ambivalentes, las interpretan como señales de una situación que puede tener muchas *asociaciones inusuales* y tenderán a responder utilizando un pensamiento más creativo. Fong concluye:

> Los gerentes que desean aumentar el rendimiento creativo de sus empleados podrían beneficiarse de seguir los pasos de empresas como IDEO o Walt Disney, que se enorgullecen de mantener entornos de trabajo inusuales: las bicicletas que cuelgan del techo en IDEO y el ambiente colorido e informal de Disney probablemente ayuden a sus empleados a mejorar su capacidad para generar ideas innovadoras.[256]

No obstante, si volvemos a la noción que "lo malo es más fuerte que lo bueno", el problema con los pesimistas o negativos es que contagian su mal humor a sus compañeros y según los estudios, el mal humor puede propagarse a toda la empresa o al equipo.[257] Ante un miembro así, según vimos, el consejo es frenar su actitud a tiempo, sacarlo del equipo o bien aislarlo como hizo una empresa.

Había un ingeniero que era admirado por su capacidad para detectar fallas y errores pero a la vez —señala Sutton—, era temido y despreciado por ser "100 por ciento mala persona"[258]. En toda ocasión, sin importar que tipo de proyecto fuese, no solo destrozaba las ideas de sus colegas sino que además los humillaba personalmente. No obstante, como hacía bien su trabajo, los jefes se rehusaban a echarlo. Entonces lo trasladaron a una oficina privada en un edificio diferente del que estaba el equipo. De esa manera, sus compañeros y jefes lograron tener el mínimo contacto con él.

El dinero ¿incentiva la creatividad?

El dinero tiene un gran efecto en la forma en que las personas se esfuerzan. Influye en los trabajos que estas eligen, con quienes se casan, de quienes se hacen amigos, etc. Muchos economistas creen que pagar un buen salario es suficiente para que la gente trabaje más y mejor, para que aumente su productividad. No obstante, hay que mencionar algunos problemas cuando se usa el dinero como incentivo de la creatividad. Una empresa, comenta Sutton, decidió utilizar el dinero para esto. La idea era ofrecer una recompensa económica a las personas que propusiesen buenas ideas. Entonces el management dijo "cada vez que tengamos un *brainstorming*, para que sea productivo, pagaremos a las personas por sus buenas ideas". Lo que hicieron fue contar las ideas de cada persona y darle 7 dólares por idea.[259] Era un equipo de ocho ingenieros. Entonces si alguien tenía cinco buenas ideas podía llevarse 35 dólares al final de la reunión. ¿Qué pasó?

Surgieron todo tipo de problemas, como discusiones sobre "¿de quién fue la idea?", "¿alguien copió la mía usando otras palabras?", etc. Primero, cuando los ingenieros iban a estas reuniones de creatividad (*brainstorming*), dejaron de hablar entre sí y de expresar sus buenas ideas *por miedo a que otro las copie*. Segundo, al final de cada reunión, comenzaron a discutir sobre quién *debía quedarse con los 7 dólares* por idea. Por último, en lugar de colaborar entre todos para tener buenas ideas, *la cantidad de ideas disminuyó*: el management esperaba aumentar la cantidad de ideas pero producto de esta competencia disfuncional obtuvo el efecto contrario, pocas ideas. Este es un caso clásico de un *incentivo económico mal diseñado* porque se pretende que haya colaboración entre los miembros del equipo pero se recompensa solo por el trabajo *individual*. El dinero puede entonces inhibir la creatividad que, según vimos, requiere de colaboración y un ambiente positivo.

Kathleen Vohs y colegas condujeron una serie de experimentos para ver la influencia del dinero en la mente de las personas. En un experimento, sentaron a un grupo de participantes en una mesa a jugar al *Monopoly* con dinero falso.[260] Después de unos minutos, sacaron este juego de la mesa pero a algunos participantes les dejaron billetes falsos por un monto de USD 4000 y a otros, billetes falsos por USD 200. Al rato entró uno de los experimentadores con una bandeja de lápices y la tiró al piso a propósito, aunque haciéndolo "accidentalmente" con el objetivo de ver quiénes lo ayudaban a recoger los lápices del piso. Pues bien, las personas que tenían USD 4000 ayudaron mucho menos a juntar lápices que los que tenían USD 200.

En otro experimento descubrieron que cuando se les daba la opción de hacer un trabajo en grupo o individual, elegían trabajar *solos* y hasta *sentarse más lejos unos de otros*. Aunque la gente en estos experimentos no se dio cuenta que se los estaba manipulando con dinero, la mera presencia de este los llevó a ser menos cooperativos. La moraleja es que enfocarse en el dinero y no en la tarea que hay que hacer, puede crear una competencia disfuncional y un ambiente de poca colaboración.

El dinero también puede condicionar los objetivos. En Apple solo una persona, el director financiero, tiene la responsabilidad de ocuparse de los gastos y esto se debe, en parte, a que Steve Jobs creía que no era bueno que la gente pensara en dinero porque inhibe la búsqueda de excelencia. Según vimos, una de las preguntas que Jobs hacía a su equipo -en la década de 1990 cuando Apple tenía restricciones de presupuesto- es: "¿Qué harían si el dinero no fuese un obstáculo?".[261] Al eliminar esta restricción, se concentraban en lograr lo que querían los clientes de Apple, independientemente del costo.

El mantra del dibujante y empresario Walt Disney era "No hago películas para ganar dinero: gano dinero para hacer películas" y Brad Bird (Pixar) señala: "Parece contradictorio, pero para que las empresas basadas en la imaginación tengan éxito a largo plazo, ganar dinero no puede ser el foco"[262]. En síntesis, el dinero es un motivador muy importante, y sin duda es la razón por la que muchas ingresan a empresas como Apple, Disney o Google, donde hay oportunidades para ganar mucho dinero. No hay nada de malo en ello. Pero usar el dinero de ciertas maneras también puede inhibir la colaboración y la creatividad, que son esenciales para innovar.

El dinero y la pasión por innovar

Para innovar es importante contratar gente que le guste el tipo de trabajo que se hace en la empresa y no solo que lo haga por dinero. Un consultor que trabajó para Apple dice que las personas ingresan y se quedan porque creen en la "misión de esta empresa". Muchos de sus empleados han soñado con trabajar en Apple desde niños, cuando adquirieron su primera computadora Mac. "En Apple trabajas en productos de Apple. Si eres un fanático de Apple, es mágico", dice Andrew Borovsky, un ex empleado.[263] La fórmula de hacer algo que apasione es la que usan los grandes innovadores y en general todos los que logran grandes cosas en su vida. Steve Jobs era un apasionado de su trabajo. Quería ganar dinero pero no era su única motivación. Tenía la habilidad de transmitir esa pasión a sus equipos. Así lo explica en un discurso memorable a los alumnos de Stanford en 2005:

Estoy convencido que lo único que me hizo seguir (después de haber sido despedido de Apple en 1985) es que yo amaba lo que hacía. Ustedes *tienen que encontrar lo que aman*. Esto es tan cierto para el trabajo como para sus parejas. Y la única forma de hacer un gran trabajo es *amar lo que haces*. Si aún no lo has encontrado, sigue buscando. No te rindas (…) No dejes que el ruido de las opiniones de los demás ahogue tu voz interior. Y lo más importante: ten el coraje de seguir tu corazón y tu intuición. De algún modo ellos ya saben lo que realmente quieres ser. Todo lo demás es secundario.[264]

Djokovic y Nadal siguen jugando al tenis como si recién empezaran sus carreras, a pesar de ser veteranos y de los millones de dólares que tienen en el banco. Un ex entrenador de Federer recuerda: "Roger todavía encuentra felicidad al golpear la pelota, ir al gimnasio, viajar…Simplemente le encanta jugar al tenis"[265]. (Federer se retiró en

2022). La pasión también es parte del concepto de *vocación*. Hay personas que tienen vocación por lo que hacen. Sienten que no podrían hacer otra cosa, sean médicos, arquitectos, psicólogos, profesores, contadores, abogados o emprendedores. Les gusta lo que hacen: su trabajo es la principal retribución mientras el dinero es secundario, el resultado de lo que hacen. La vocación también explica porque hay profesiones y oficios en donde el dinero está lejos de ser el principal incentivo, como sacerdote, militar, maestro, asistente social, etc.

La motivación o pasión es más importante de lo que parece porque, según las encuestas de Gallup, más del 50% de los empleados en Estados Unidos no siente ninguna pasión por su trabajo y 20% está totalmente desmotivado. Esto tiene un costo de 300 mil millones de dólares anuales en caída de la productividad. En algunos países solo el 2% a 3% de la fuerza laboral se siente motivada por su trabajo.[266]

La autonomía fomenta el entusiasmo

Muchas empresas están descubriendo que una de las características que lleva a tener empleados apasionados es lo que llaman "autonomía" que consiste en cuatro aspectos: lo que las personas hacen, cuándo lo hacen, cómo lo hacen y con quien lo hacen. Una buena medida es permitir que los trabajadores elijan la tarea que prefieren hacer, en la medida de lo posible. Es obvio que si se pone a una persona a hacer algo que no le gusta, difícilmente pueda esperarse pasión o entusiasmo. Asimismo es aconsejable dejar que las personas elijan con quién trabajar o qué equipo integrar. En Facebook los nuevos ingenieros pasan 6 meses bajo entrenamiento, arreglando virus de software, aprendiendo la cultura de la empresa y conociendo a sus colegas. Después de haberse entrevistado con varios equipos, ellos deciden a cual quieren incorporarse. En W.L. Gore & Associates, los fabricantes de la tela resistente GORE-TEX, cualquiera que pretenda ascender en la empresa y liderar un equipo tiene que agrupar a gente que quiera trabajar con él.[267]

Dejarles elegir su tiempo de descanso también es aconsejable. Netflix tiene una política de vacaciones inusual. Los empleados pueden tomarse tantos días de vacaciones como ellos quieran siempre que su trabajo esté cubierto. Los gerentes y empleados no están llevando el record de cuantos días se toma cada uno. Esta empresa explica su política: "Nosotros nos enfocamos en lo que las personas logran y no cuantas horas o días trabajan"[268]. Todo esto hace a la "autonomía", una de las características para que surja la pasión.

El autor Daniel Pink comenta varios ejemplos de "autonomía" en su libro *Drive. The Surprising Truth About What Motivates Us*. El primero es el caso de Atlassian, una empresa australiana de software nombrada así por el titán griego Atlas, que llevaba el mundo sobre sus hombros. En 2002, Scott Farquhar y Mike Cannon-Brookes, dos australianos que acababan de graduarse de la universidad, tomaron prestados 10.000 dólares en sus tarjetas de crédito para iniciar una empresa de software. El objetivo era competir con las grandes empresas. En ese momento, parecía utópico pero hoy Atlassian tiene ganancias netas por más de 100 millones de dólares al año y emplea a 3000 personas en oficinas de siete países.

Cannon-Brookes había visto que las empresas exitosas se estancan y deseaba evitar ese destino para la suya. Entonces, para impulsar el entusiasmo y creatividad de su equipo, decidió darles permiso para que pasaran *un día trabajando en cualquier mejora o desarrollo de software que desearan*, incluso si no era parte de su trabajo regular. Este día de experimentación dio origen a varios nuevos productos y mejoras en los existentes. Este día de creatividad y autonomía (una vez por trimestre), comienza el jueves a las dos de la tarde. Muchos trabajan durante la noche. Luego, a las cuatro de la tarde del viernes, muestran los resultados al resto de la empresa en una reunión con cerveza fría y torta de chocolate.

Atlassian llama a estas explosiones de creatividad "Días FedEx", porque la gente tiene 24 horas para entregar su producto (en referencia a la empresa *Federal Express*). A lo largo de los años, este experimento ha producido algunos de lossoftware más innovadores de esta empresa. Con respecto al dinero, Cannon-Brookes opina que "si no pagas lo suficiente, puedes perder personas. Pero más allá de eso, el dinero no es un motivador. Lo que importa son otras características"[269]. Estas características son la "autonomía", es decir, permitirle a sus ingenieros decidir *en que trabajar y con quien trabajar*. Viendo los resultados positivos que el día FedEx generó, decidió dar 20% por ciento del tiempo libre al mes, para que los ingenieros trabajen en una tarea de su elección.

En otro ejemplo, la profesora Teresa Amabile (Harvard) y su equipo estudiaron a 23 artistas profesionales que habían sido contratados para hacer cuadros, en algunos casos por encargo -por dinero- y en otros sin encargo, es decir, sin dinero, a pura pasión. Amabile entregó los trabajos a un panel de artistas y curadores, para que valoren los cuadros en creatividad y habilidad técnica. Los resultados fueron sorprendentes. Las obras a cambio de dinero fueron calificadas como significativamente menos creativas que los trabajos sin retribución económica alguna. Uno de los artistas informó que se sintió más limitado cuando realizaba un trabajo por dinero que cuando realizaba un trabajo por gusto o pasión:

> No siempre, pero la mayor parte del tiempo, cuando estás haciendo una pieza para otra persona, se convierte más en 'trabajo' que en disfrute. Cuando trabajo para mí mismo, siento la alegría de crear y puedo trabajar toda la noche sin siquiera saberlo. En cambio, en una pieza por dinero debes tener cuidado de hacer lo que el cliente quiere. [270]

Hay estudios que demuestran que las retribuciones económicas son efectivas cuando la tarea es simple y repetitiva, como trabajar en una línea de ensamblaje en una fábrica.[271] Pero no cuando se trata de un trabajo *creativo*, como pintar cuadros o componer música. Es decir, en las tareas simples y repetitivas (aburridas), pagar un mejor salario hace que las personas aumenten su productividad. Pero en las tareas creativas no conduce a más rendimiento sino a menos, como se comprobó en este estudio de 23 artistas.

El caso de la encicopledia *MSN Encarta* (Microsoft)

Hay innovaciones que nacieron impulsadas por la pasión y no por el afán de ganar dinero. Pink dice: imagina que es 1996. Te sientas con un profesor de economía y le dices: "Voy a describirte dos nuevas enciclopedias para internet: una que acaba de publicarse y otra que se lanzará en unos pocos años. Con tus conocimientos de economía, tienes que predecir cuál será más exitosa en 2011". La primera enciclopedia la hará Microsoft, una empresa grande y exitosa. Y con la introducción de Windows 95, está a punto de convertirse en un coloso mundial del software. Microsoft financiará esta enciclopedia: le pagará a escritores y editores profesionales para que hagan artículos sobre miles de temas. Los gerentes de Microsoft supervisarán el proyecto para garantizar que se complete a tiempo. Entonces Microsoft venderá la enciclopedia en CD-ROMs en línea.

En cambio, la segunda innovación no vendrá de una empresa sino que será diseñada por decenas de miles de personas que escriben y editan artículos solo por diversión, de forma autónoma. Estos aficionados no necesitarán ninguna calificación especial para participar: lo más importante es que *a nadie se le pagará ni un dólar*. Estas personas deberán hacer su trabajo sin que nadie las supervise y sin que nadie les pague, a veces trabajando hasta veinte o treinta horas por semana, ¡de forma gratuita! Esta enciclopedia, que existirá en línea, también será gratuita para los usuarios, cualquiera podrá usarla. Entonces le preguntas al profesor de economía: en 2011, una de estas dos será la más grande y popular del mundo y la otra será un fracaso. "¿Cuál es cuál?".

En 1996 -sigue Pink- dudo que hubiera un economista en cualquier parte del planeta Tierra que no hubiera elegido la enciclopedia de Microsoft como la que tendría más éxito. Habría sido como preguntar a un zoólogo quien ganaría una carrera de 200 metros entre un guepardo (chita) y un hombre: no había manera que un producto creado *gratuitamente* pudiera competir con el modelo de Microsoft. Sin embargo, hoy se sabe cómo terminó esta historia: el 31 de octubre de 2009, Microsoft desconectó la enciclopedia *MSN Encarta*, que había estado en el mercado por dieciséis años. En otras palabras, *la enciclopedia de Microsoft fracasó*, a pesar de todo el dinero y recursos tecnológicos con que contaba. En cambio, Wikipedia, el modelo con millones de individuos que colaboran *gratuitamente*, se convirtió en la enciclopedia más grande y popular del mundo. Apenas ocho años después de su creación, Wikipedia tenía más de 17 millones de artículos en unos 270 idiomas, incluyendo 3,5 millones en inglés. [272]

Los conflictos constructivos

Cuando los equipos realizan tareas creativas en una atmósfera de respeto mutuo, son más innovadores, tienen mejores ideas. Algunas empresas incluso les dan un curso a los empleados sobre cómo tener confrontaciones constructivas. Por ejemplo, Intel ha estado usando la confrontación constructiva desde su fundación en 1968: todos los nuevos empleados toman clases de cómo hacerla. Los empleados de Intel dicen que a veces las peleas se ponen desagradables o lo contrario, demasiado diplomáticas.[273] En manos de un buen líder, estas peleas pueden producir resultados positivos, especialmente cuando las personas pelean como iguales sobre sus ideas. Para ello, es fundamental prohibir el uso del rango y las jerarquías de modo que nadie pueda mandar a callar a otro.

Antes mencionamos a Bob Taylor, quien lideró el equipo de ARPANET (creada en 1969), la antecesora de internet. Más tarde trabajó como gerente de Xerox Parc, el laboratorio donde se crearon muchas de las innovaciones actuales: la computadora personal *Alto* (1972), el procesador de textos, el mouse, la interfaz gráfica de usuario, la impresora láser, el hipertexto, Ethernet y los protocolos TCP/IP para transferencia de datos. En Xerox Parc, Taylor organizaba una reunión semanal en la que un orador, diferente cada semana, proponía una idea y trataba de defenderla ante las preguntas y críticas formuladas por algunos de los ingenieros más creativos del mundo. Eran confrontaciones *constructivas* pues como dice el periodista y autor

Michael Hiltzik en *Dealers of Lighting: Xerox Parc and of the Dawn of the Computer Age*: "Cuestionar las ideas de alguien era aceptable, *pero nunca su persona*. Taylor se esforzó por crear una democracia en la que las ideas de todos estuvieran sujetas de manera imparcial a las críticas del equipo, independientemente del rango, las credenciales y la jerarquía de quien proponía la idea"[274].

En otras palabras, buscaba que hubiera críticas y discusiones pero no para herir sino para mejorar la idea que se proponía. Y no importaba el puesto o jerarquía de cada uno: todos estaban sujetos a las opiniones y observaciones del equipo. Entonces cuando las personas se pelean por ideas, cuando discuten sobre cuáles son las mejores, la creatividad aumenta, como ocurrió en el mítico Xerox Parc bajo la conducción de Taylor. En cambio, cuando las personas pelean porque se desprecian, cuando hay ataques personales y el intercambio de opiniones se vuelve desagradable, la creatividad disminuye.

Por tanto, uno de los requisitos para conducir un equipo de innovación es crear una atmósfera donde haya *libertad de expresión y debate* pero con respeto. Se dice que Steve Jobs tenía fama de imponer siempre sus ideas pero Ed Catmull, el cofundador de Pixar, opina distinto: "Steve tenía una notable habilidad para dejar atrás las cosas que no funcionaban. Si estabas en una discusión con él, y lo convencías que tenías razón, cambiaba de opinión rápidamente. No se aferraba a una idea porque una vez había creído que era brillante: su ego no se adhería a las sugerencias que hacía, incluso cuando ponía todo su peso detrás de ellas. Cuando Steve vio a los directores de Pixar hacer lo mismo, los reconoció como almas gemelas"[275].

Debra Dunn, una ex ejecutiva de Hewlett-Packard y Robert Sutton aconsejan las siguientes medidas para tener confrontaciones *constructivas.*[276]:

1. No permita que haya críticas cuando se están generando ideas: haga que sea cómodo y seguro para las personas sugerir las ideas más locas o controvertidas. Cuando se están proponiendo ideas, no hay que atacarlas. Es importante

dejarlas fluir y para eso hay que evitar criticarlas. Después de tener algunas ideas, recién ahí invite a las personas a que las critiquen o desafíen, en lo posible *proponiendo ideas mejores*.

2. Involucre a todos en la tarea. Intervenga cuando haya algunos que hablan demasiado y anime a los que están en silencio a que digan lo que piensan. A veces el aporte más valioso, *viene de las personas más tímidas y silenciosas*.

3. No solo escuche las palabras de la gente: observe también sus gestos. ¿Están sonriendo? ¿Prestan atención? ¿Hacen gestos de desaprobación con sus ojos o caras? El líder debe dar el ejemplo con una conducta *gestual* constructiva y supervisar a las personas que, tal vez sin darse cuenta, hacen gestos negativos.

4. Aprenda las peculiaridades de cada persona: algunos tienen la "piel gruesa" y aguantan las críticas sin ofenderse pero otros tienen una piel tan delgada que incluso las críticas más suaves los inhiben o enojan.

5. Después que termine la reunión, haga un poco de "control de daños": calme a aquellos que se sienten heridos o cuyas ideas fueron criticadas duramente. Si alguien hizo ataques personales, llámelo e indíquele que nunca más lo haga. En algunos casos puede ser útil que los ayude a distinguir los ataques personales (hostilidad y enojos) de los desacuerdos sobre *qué* debe hacerse (objetivos, métodos, soluciones, etc.).

Los *brainstorming* de IDEO pasan por tres fases: primero proponen las ideas en cuarenta o cincuenta minutos y luego se detienen y dicen "listo, ahora discutamos las ideas". Es importante saber cuándo pelear por una idea y cuándo callarse para que todos se sientan tranquilos de expresar sus opiniones, sin temor a burlas u objeciones (seguridad psicológica). En algunas de estas reuniones, puede ser aconsejable que el jefe o líder del equipo no esté presente, dado que hay personas que pueden sentirse inhibidas ante su presencia.

David Kelley (IDEO), tiene por costumbre salir de la sala en silencio.[277] Es decir, puede convocar una reunión pero si las cosas van bien y la conversación es productiva, se va sin llamar la atención, porque sabe que su *figura de autoridad puede crear incomodidad* y sin él, la discusión puede ser más creativa.

Una vez que se tomó una decisión se debe dejar atrás la confrontación y las discusiones porque estas socavan el proceso de *implementación* de las ideas. En efecto, hay un punto en el que los equipos discuten sobre qué camino seguir o que idea implementar. Pero una vez que se toma una decisión, hay que ayudar a implementarla lo mejor posible *por más que no sea la idea que a uno le guste*. Al respecto, Andy Grove, el ex CEO de Intel, tiene un lema para esta situación: "primero desacordar y luego comprometerse". Grove explica:

> si estás en desacuerdo con una idea, debes trabajar especialmente duro para implementarla porque de esta manera si falla, tú sabes que era una mala idea, y no una mala implementación.[278]

La clave es saber aceptar la derrota con gracia y prestar toda la colaboración posible para que nadie pueda decir que se retaceó la ayuda porque no se creía en la idea. No es fácil de hacer pero es un rasgo de los buenos equipos de innovación.

Finalmente, volviendo a las diferencias entre el trabajo de rutina y el trabajo innovador, cabe aclarar que cuando hay personas que hacen un *trabajo de rutina*, las peleas y discusiones no son generalmente buenas. Por ejemplo, si dos pilotos que vuelan un avión, están discutiendo sobre cómo aterrizarlo, puede ser una mala señal. Lo mismo si dos cirujanos discuten sobre cómo operar el corazón mientras el paciente está acostado con el pecho abierto: las confrontaciones a las que nos referimos son aquellas en las cuales hay espacio para *probar* y *equivocarse*, como es el trabajo de creatividad que consiste en tener muchas ideas para aumentar las chances de producir alguna idea de calidad.

¿Cómo motivar al equipo? El rol de las emociones

Para motivar un equipo hay que tratar de emocionarlo en vez de presentarle solo argumentos racionales porque los neurocientíficos sostienen que "no somos racionales, sino seres emocionales que razonan", es decir, que actuamos impulsados por lo que sentimos. En apoyo de esto sostienen que el cerebro córtex pre-frontal, donde está la razón, apareció hace unos 100 mil años atrás mientras que el cerebro límbico, donde están las emociones, es mucho más antiguo: tiene 200 millones de años.[279] Por tanto el ser humano, antes de razonar, *sentía*; por ejemplo, el miedo de los primeros humanos ante el peligro de una fiera que acecha.

Las palabras *motivar y emocionar provienen de*l latín *motivus* y *motio,* que significan movimiento. Las emociones conducen a la acción, mientras que la razón lo que hace es justificarlo. Emocionar es pues el secreto para poner al *equipo en movimiento*. En el mundo empresarial John Kotter (Harvard) dice que los cambios en las empresas y equipos se logran cuando se cambian las emociones de los individuos. Kotter estudió 400 personas en 130 organizaciones y observó que el comportamiento de la gente cambió cuando se *influenciaron sus emociones*, no solo su parte racional.[280]

A pesar de esto, existe el mito que las emociones son siempre perjudiciales para el razonamiento lógico. Antonio Damasio, un neurocientífico portugués, investigó esto.[281] Sostiene que a partir de la influencia del filósofo René Descartes, padre del racionalismo, se profundizó la creencia que las decisiones acertadas solo podían darse en una "cabeza fría" y que las emociones y la razón no deben mezclarse, como el agua y el aceite. No hay duda que en ciertas circunstancias, la emoción perturba el razonamiento: la evidencia es abundante y nos lo recuerda el consejo popular: "¡Ten la cabeza fría, mantén las emociones a raya! No dejes que tus pasiones interfieran con tu decisión".

Pero los experimentos de Damasio demostraron que *la falta de emoción también es perjudicial.* En su trabajo con pacientes que habían sufrido lesiones cerebrales en la parte emocional, se topó con un individuo inteligente y brillante pero carente de emociones. Este individuo, que Damasio llamó *Elliot* (seudónimo), superaba con altos puntajes todos los tests de inteligencia. En el trato interpersonal era una persona agradable, de compostura respetuosa y diplomática. El problema es que cuando debía elegir entre varias alternativas, no podía porque le faltaba la emoción de poder decir *que le gustaba más.* Por ejemplo, cuando tenía que decidir a qué lugar ir a cenar podía analizar brillantemente las ventajas y desventajas de todos los restaurantes, pero al final se quedaba sin decidir porque, al carecer de emoción, no podía *sentir* cuál le atraía más. El mismo se daba cuenta de este impedimento y le decía a Damasio con una sonrisa: "Y después de todo esto, ¡yo seguía sin saber qué hacer!"[282]

En definitiva, saber manejar las emociones es fundamental para razonar y decidir mejor. El psicólogo Daniel Goleman –autor del best seller *La inteligencia emocional*– sostiene que las personas que logran comprender y gestionar sus emociones tienen un "85% más de posibilidades" de ser más exitosas en sus trabajos y en su vida personal. Aquellas con gran inteligencia emocional, respetan los sentimientos de los demás, usan sus emociones para tomar decisiones importantes, asumen responsabilidad por eso que sienten, distinguen bien entre lo que piensan y sienten, evitan controlar, culpar y juzgar a los otros y buscan resultados positivos a partir de sus emociones negativas. Y además son más felices.[283]

Estrategias para motivar

Como sabemos, hay emociones positivas y negativas. Con respecto a las positivas, hay investigaciones que demuestran que la felicidad lleva a las personas a ser más creativas a la hora de resolver problemas.[284] En cambio, las negativas pueden crear problemas de salud: un estudio que siguió a 3122 hombres durante diez años, encontró que aquellos con buenos jefes sufrieron menos ataques al corazón que aquellos con malos jefes.[285] Según los estudios, las dos emociones más fuertes son la ira y el orgullo. La ira explica las peleas de parejas y familiares, las guerras entre naciones y tribus, los odios ideológicos, los genocidios y asesinatos, las venganzas y la delincuencia feroz. El orgullo explica por qué las personas y las empresas quieren lograr grandes cosas de las cuales sentirse orgullosas. Muchos jóvenes mencionan con orgullo el lugar donde trabajan: "Yo trabajo en Apple", "Soy gerente de Facebook", etc.

Dos estrategias para incitar las emociones de ira son: *nombrar un enemigo* y *nombrar un problema*, dicen los profesores Robert Sutton y Huggy Rao (Stanford) en su libro *Scalling Up Excellence*. Nombrar un enemigo es un método muy efectivo porque la gente *se une cuando aparece un enemigo común*. Steve Jobs usaba esta estrategia para motivar a sus equipos y atraer la atención de sus clientes. Criticaba a las empresas grandes y en especial a IBM a la cual retrataba como una "tirana que fabricaba productos sin alma". Sobre Microsoft dijo que "no tenía ningún gusto…ni ideas originales y no ponía cultura en sus productos"[286].

En sus últimos días, antes de su fallecimiento, dijo que Larry Page (Google) copiaba las ideas de Apple y no tenía ninguna creatividad. En 1997 cuando retornó a Apple, dio un discurso de cómo haría para que volviera a ser fantástica y alguien de la audiencia le preguntó sobre su competidor Michael Dell y Jobs respondió: "Que se pudra Dell". Después dijo que las acciones se habían desplomado pero que él haría una nueva emisión a 3 años y, finalmente, dijo: "Si quieren que Apple vuelva a ser fantástica, quédense y hagámoslo. Si no, lárguense de aquí". John Lilly, un ex empleado que estuvo en esta reunión, comenta: "No es exagerado decir que casi todos los que estábamos en esa sala lo amamos instantáneamente y lo hubiéramos seguido a un precipicio si nos hubiese llevado allí"[287].

Este es un clásico ejemplo de *nombrar un enemigo* usando la emoción de la ira contra otros competidores pero también del *orgullo* que vendría de volver a hacer de Apple una empresa brillante. Por supuesto que esta estrategia no tiene que llegar a comportamientos indecentes o de mal gusto, como hicieron algunos empleados de British Airways que llamaban, clandestinamente, a los clientes de *Virgin Atlantic Airways* (la empresa de Richard Branson) para mentirles, diciéndoles que *Virgin* había cancelado sus vuelos y que Branson tenía SIDA.[288]

Otro caso de ira es el que emplearon algunos ejecutivos de British Petroleum según cuenta el profesor Rao. Cuando estaban haciendo crecer la división minorista, que incluía expandir la cantidad de estaciones para cargar gasolina, adoptaron el eslogan *Slam the Clam* que significa *Aplastar la Almeja* dirigido a la holandesa Royal Dutch Shell -cuyo logo es una almeja-, principal competidora de British Petroleum. Casi todo lo que se hacía en British Petroleum como localizar lugares para las nuevas estaciones de gasolina, asignar más presupuesto, contratar más empleados, etc. estaba motivado por la pregunta "¿ayuda esto a aplastar la Almeja?", es decir, ¿ayuda a ganarle a Shell?[289]

Un ejemplo de "nombrar un problema" pero usando la emoción del orgullo es lo que hizo una pequeña ONG estadounidense llamada *Institute for Health Improvement* (Instituto para el Mejoramiento de la Salud). Esta ONG lanzó una campaña mediática llamada "salvar 100.000 vidas" con el fin de reducir las muertes por error en los hospitales, mediante procedimientos simples como recordar a las enfermeras y médicos *lavarse las manos* y *desinfectar los elementos quirúrgicos*, revisar los alimentos y mantener la limpieza general. Muchas muertes se dan por infecciones intrahospitalarias y pueden evitarse mediante estos simples procedimientos. Para lograr su objetivo, este Instituto necesitaba generar una emoción colectiva a fin de entusiasmar a los ejecutivos que dirigían los hospitales para adherirse a la campaña e implementar las medidas recomendadas por esta pequeña ONG.

Antes de la campaña, el CEO de esta ONG y su staff aprendieron la idea de "nombrar un problema" de una escritora y activista -Gloria Steinem- que alertaba sobre un problema que siempre había ocurrido en Estados Unidos pero que no se lo reconocía ni se hacía nada para prevenirlo, las citas que terminan en violación de la mujer: las "date rape"[290]. El darle un nombre a este tema sirvió para promoverlo en los medios y empezar a hablar de ello. El nombre muchas veces ayuda a las personas a entender un problema dado que la primera conexión con la realidad es nombrarla, ponerla en palabras: lo que no se nombra, es como que no existe, no tiene entidad. Pues bien, las muertes en los hospitales por errores previsibles son un problema serio, *pero nadie lo nombraba, no era noticia en los medios.*

Siguiendo la lección que habían aprendido de Gloria Steinem, esta ONG organizó la campaña y le puso un nombre impactante al problema de los hospitales: "Por muertes previsibles están muriendo muchísimas personas". El nombre de "muertes previsibles" hizo que muchos CEO y administradores de hospitales adhirieran a esta campaña. Si no adherían, se exponían a quedar como "insensibles, inmorales o incompetentes", ante la opinión pública. Para el lanzamiento de la campaña, organizaron un acto donde una mujer subió al escenario para contar como su hija de 18 meses había muerto por un error posible de prever en un hospital de gran prestigio (Johns Hopkins Hospital). Esta campaña terminó salvando 122.300 vidas en solo 2 años en 3200 hospitales de Estados Unidos, un gran logro para una pequeña ONG y se hizo, en parte, gracias a ponerle un *nombre.*

Nombrar un problema es también lo que hizo el ex CEO de Ford, Alan Mulally (2006). Durante décadas hubo en Ford una competencia interna muy negativa entre los ejecutivos: se buscaba poner a unos contra otros. No había incentivo para compartir información o ayudarse. El resultado era que se competía más dentro de Ford que con otras marcas de autos. Mulally se dio cuenta de este ambiente negativo y nombró el problema diciendo que él iba a "crear una sola Ford". Cuando un periodista le preguntó si iban a fusionarse o unirse con otra empresa, Mulally respondió "nos vamos a unir entre nosotros"[291].

Empezó a tomar medidas como poner subsidiarias de Ford de diferentes regiones (Asia y Europa) bajo el mismo nombre y celebrar todos los jueves una reunión en la cual generó un ambiente positivo y ameno, para que los ejecutivos discutieran problemas abiertamente, incluido los errores y fracasos. Pero dejó en claro que *no permitiría actitudes de agresión* y recordó, constantemente, que todos debían colaborar y *ayudarse mutuamente*. Después que los ejecutivos vieron que la cooperación no era una desventaja para sus carreras en Ford, comenzaron, de a poco, a cooperar entre ellos. Aún hoy las reuniones de los jueves son supervisadas por alguien de afuera que mira que los ejecutivos se traten como amigos en vez de enemigos, hablando abiertamente los problemas y actuando como miembros de una "sola Ford".

Una innovación es la conversión de una nueva idea en ventas. [292]

A. G. Lafley
(Procter & Gamble)

Capítulo 7

Implementación

Al principio de este libro dijimos que la innovación es igual a creatividad más implementación. Vimos en los primeros capítulos que es la creatividad. En este nos enfocamos en la *implementación*. Algunos consultores han descubierto al hablar con muchos empresarios y gerentes que, generalmente, saben lo que tienen que hacer para que sus empresas sean lo más efectivas posible e incluso innovadoras. Sin embargo, no lo hacen. Los consultores comenzaron a estudiar este tema que algunos llaman la *brecha entre saber y hacer*. De hecho, hay un libro sobre esta brecha, *The Know-Doing Gap: How Smart Companies Turn Knowledge into Action* (2000) de Jeffrey Pfeffer y Robert Sutton.

Los consultores descubrieron que hay muchas causas por las cuales se da esta disociación entre saber y hacer: a veces se trata de incentivos económicos mal diseñados, otras veces por una competencia disfuncional, también por falta de recursos o apoyo del management superior. Sin embargo, una de las razones más generalizadas que descubrieron es lo que Pfeffer y Sutton llaman la "trampa de hablar inteligentemente" (*smart talk trap*). Esta "trampa" consiste en hablar sobre buenas ideas, conversar inteligentemente sobre ellas pero al final, *no hacer nada para implementarlas*. Hay gerentes y ejecutivos que hablan muy bien, contagian entusiasmo y tienen buenas ideas pero no las implementan. Son carismáticos o simpáticos y entonces obtienen buenos bonos y premios a fin de año, más que otros que son callados pero *demuestran su efectividad con hechos*. En una entrevista le preguntaron a Brad Bird, el director de las películas de Pixar, cuáles son las personas que más dificultan la innovación y respondió: "La gente que habla sobre calidad pero no hace su trabajo. Son los de esa clase. No me importa si alguien anda un poco enloquecido porque significa que está tratando de lograr algo. Pero hay personas que dicen las palabras correctas pero no lo demuestran con hechos".

En mi país (Argentina) tenemos un nombre para estos personajes: "verseros" porque dicen versos. ¿Por qué ocurre esto? Hay empresas que recompensan a las personas solo por hablar: premian la *imagen* pero no la efectividad. Vivimos en la era de las imágenes. El hombre actual es un "homo videns": un hombre que se guía por lo visto, por las imágenes de la televisión. Los políticos lo saben y por eso besan a bebés delante de las cámaras, y millones de ingenuos los votan por estos gestos mediáticos. En esta época, a muchas personas les cuesta distinguir *entre habladores y hacedores* y esto también ocurre en los equipos y empresas.

Medidas para contrarrestar la "trampa de hablar inteligentemente"

Para evitar esta "trampa", hay algunas medidas que pueden tomarse comenta Sutton en sus clases en la Universidad de Stanford. La primera es asignar a personas que realmente entienden el trabajo que hay que hacer. Cuando las personas entienden el trabajo es mucho menos probable que tengan el defecto de hablar pero no hacer nada. Un ejemplo de esto es Anne Mulcahy de Xerox. Hubo una época en que esta gran empresa estaba pasando por serios problemas financieros, además de enfrentar acusaciones de "manejos financieros impropios". En vez de solo hablar inteligentemente, Mulcahy se reunió con unas 100 personas de Xerox para escuchar que es lo que andaba mal y pedir ayuda para la drástica reconversión que tendría que hacer. También pasó tiempo escuchando a cientos de clientes y empleados de menor rango. Pidió a los miembros de su staff que le enseñaran finanzas para hacer mejor su trabajo debido a las deudas de Xerox. Ella recuerda: "los chicos de la división de finanzas pasaron horas conmigo para asegurarse que yo estuviera preparada para contestar todas las preguntas difíciles de los bancos". Mulcahy se convirtió en CEO en 2001 –después de ocupar varias posiciones diferentes en esta empresa– y en un par de años, Xerox empezó a ser rentable nuevamente.

Otro ejemplo es Bill George, el CEO de Medtronic que tiene el mérito de haber hecho crecer esta empresa de productos médicos de 1000 millones de dólares en 1989 a 60 mil millones de dólares en 2002. George era nuevo en esta industria. Durante los primeros nueve meses, pasó más de la mitad de su tiempo visitando hospitales, mirando equipos quirúrgicos donde instalar los productos de Medtronic y hablando con pacientes, familiares y administradores. También se ocupó de consultar a cirujanos y enfermeras. Después comenzó a centrarse en los detalles operativos porque sentía que tenía que comprender como funcionaba Medtronic. Bill Gates, Steve Jobs y Elon Musk también son personas que entienden el trabajo que están haciendo y es uno de los distintivos de los grandes innovadores. Por tanto, comprender el trabajo es determinante para evitar la "trampa de hablar inteligentemente".

La segunda medida –sigue Sutton– es desarmar cuanto antes los ambientes negativos, dado que estos se caraterizan por quejas, es decir, por hablar y no implementar. Según vimos, hay estudios que dicen que cuando las personas se dedican a quejarse mucho y otras actitudes negativas, contagian su mal humor y pueden reducir el rendimiento de un equipo hasta un 40%. Esto dificulta transformar el conocimiento en acción y la creatividad en implementación. Uno de los ejemplos para desarmar un ambiente negativo es lo que hizo una mujer llamada Annette Kyle que manejaba 60 empleados en una terminal de carga de Celanse Corporation en Texas. Kyle lideró lo que ella llama una "revolución" que consistió en varias medidas como cambiar el puesto y responsabilidades de muchas personas y modernizar el equipo de medición en barcos y camiones.

Kyle subastó su escritorio entre los trabajadores porque solía decir "no debería estar sentada detrás de un escritorio; debería estar ayudándolos". Cuando llegó a esta empresa, notó que había un ambiente muy negativo entre los trabajadores de la terminal de carga. Entonces les hizo coser en los uniformes un parche que decía "No quejarse", para recordarles que si había un problema, tenían que informárselo a ella pero que la solución no era quejarse.

Durante su gestión, logró bajar el costo de los fletes de 2,5 millones de dólares a menos de diez mil dólares. Antes de su llegada, les tomaba a los trabajadores un promedio de tres horas cargar un camión pero después de su "revolución" más del 90% de los camiones se cargaba en una hora. Las encuestas y entrevistas a empleados también mostraron que estaban más satisfechos con sus trabajos y orgullosos de lo que habían logrado. En síntesis, disminuir el negativismo y habilitar un canal donde la gente pueda informar las quejas y problemas son medidas elementales para facilitar la creatividad en los equipos de trabajo.

La tercera medida es usar *instrucciones simples* ya que es muy difícil para las personas trabajar bien cuando se les da órdenes o instrucciones en un lenguaje complicado o poco claro. Hay profesores y académicos que quieren convencer a sus alumnos que son inteligentes. Entonces hablan con palabras complicadas que los alumnos no entienden. Esta es una manera de convencer a la gente que son brillantes y sofisticados, una variante de la "trampa de hablar inteligentemente". El punto es que los líderes más efectivos usan un lenguaje simple y dicen lo mismo *una y otra vez*, hasta que se fija en la mente de sus equipos. A. G. Lafley, el ex CEO de Procter & Gamble, decía lo mismo una y otra vez en un lenguaje simple. Usaba constantemente el lema "Mantengámoslo Simple" y frases como "El cliente es el jefe" (la frase "Mantengámoslo Simple" está inspirada en la serie de dibujos animados Plaza Sésamo donde dicen *Keep it Sesame Street Simple*). Los seres humanos, afirma Lafley, "no suelen mantenerse enfocados. Por tanto, mi trabajo es lograr que enfoquen su creatividad y eficiencia en el objetivo"[293].

Un ejemplo de por qué las instrucciones simples ayudan a convertir el conocimiento en acción puede verse en la película *Sully*, el piloto que aterrizó de emergencia en el río Hudson (Nueva York), un caso real. Minutos antes del amerizaje las azafatas repiten constantemente a los pasajeros: "Agárrense, agárrense, agárrense. Cabeza abajo, manténgase abajo". La repetición de "agárranse" se hace porque está estudiado que en situaciones de estrés, las personas pierden la concentración y no pueden seguir las instrucciones más simples, salvo que se las repitan como si fueran niños de 5 años de edad.

Usar instrucciones simples también disminuye la "carga cognitiva" que soporta el cerebro humano como demostró un experimento del profesor Baba Shiv (Stanford). Este profesor juntó a dos grupos de estudiantes. Al primer grupo le dio un número de 2 dígitos para recordar, mientras que al segundo grupo le dio un número de 7 dígitos. Luego les dijo que caminaran por un pasillo donde les presentó dos opciones diferentes de comidas para tentarlos: un pedazo de torta de chocolate o una saludable ensalada de frutas.

Los estudiantes que recordaron 2 dígitos eligieron la ensalada de frutas. En cambio, los que hicieron el esfuerzo de recordar 7 dígitos (mayor "carga cognitiva") eligieron la "recompensa mayor", la torta de chocolate: la razón es que los dígitos adicionales ocuparon un espacio valioso en sus cerebros, lo que hacía que, después del esfuerzo, fuera *más difícil resistirse a la torta de chocolate*. En síntesis, todo lo que se necesitó fueron cinco dígitos adicionales de información para que sus cerebros se tentaran con la torta, que contiene más azúcar que la ensalada de frutas. Para muchas personas, el azúcar es la mejor recompensa después de un gran esfuerzo.

Otro ejemplo de simplicidad era Steve Jobs. Una de las mejores cosas que hizo como CEO cuando regresó a Apple en 1997, es pasar varias semanas deambulando por la empresa para averiguar cuál era la cartera de productos. Le preguntaba a los empleados cuáles eran las diferencias entre los modelos de computadoras 3400, 4400, 5400 y 6500. Así descubrió que Apple tenía tantos modelos distintos que, recuerda Jobs, "ni siquiera podíamos decirles a nuestros amigos cuál comprar"[294].

Esta estrategia confundía a los clientes de Apple, haciendo más difícil el concentrar los esfuerzos de marketing y desarrollo en unos pocos productos y causaba problemas con los proveedores. En un año Jobs canceló varios productos, dejando a Apple con pocos modelos. En poco tiempo Apple volvió a ser rentable y a convertirse en la empresa fantástica lo que aumentó la reputación de Jobs como el "genio creativo" de Silicon Valley. Incluso hoy día, Apple tiene una cartera de productos increíblemente pequeña: pocos modelos de computadoras y lanza solo un *iPhone* a la vez, el 9, 10, 12, 13, etc. En definitiva, la lección que nos dejan estos innovadores es que cuando las instrucciones son simples, las personas saben enfocar mejor sus esfuerzos. Por tanto, a la hora de implementar, es fundamental simplificar las instrucciones para los equipos de trabajo.

Tres consejos finales

El primer consejo es que no hay forma de innovar sin fallar. Es casi imposible innovar sin equivocarse ya que la innovación requiere de muchos intentos. Según vimos, a James Dyson le tomó 5127 prototipos hasta que su aspiradora sin bolsa estuvo lista para el mercado. La razón por la que llaman WD-40 a este lubricante es que las primeras 39 fórmulas fallaron pero la 40 tuvo éxito y Edison dijo: "Yo no he fallado…Solo encontré 10.000 maneras que no funcionan". Un distintivo de las buenas empresas y equipos de innovación es la actitud positiva que tienen cuando las personas fracasan.

Hay tres actitudes diferentes ante los errores y fracasos, explica Sutton en sus clases en Stanford. La primera es la peor y una especie de procedimiento estándar en muchas empresas y es que cuando las personas cometen errores, se recurre a *culpar y estigmatizarlas*: se las hace sentir como niños, se las humilla, etc. Ni siquiera les enseñan una lección, solo los hacen sentir mal. Esa actitud, que tienen muchos gerentes y ejecutivos arrogantes, no es muy constructiva y no crea un ambiente de seguridad psicológica, fundamental para impulsar la creatividad. La segunda es *perdonar* y *olvidar*. Esta actitud tiene algunas ventajas: cuando un jefe perdona, crea algo de seguridad y comodidad. Pero a la vez, si olvida el error, *no hay responsabilidad ni aprendizaje alguno*. Perdonar y olvidar tampoco es un buen estilo de liderazgo. Por ende, la actitud más constructiva —señala Sutton— *es perdonar y recordar*: perdonar para que haya seguridad psicológica y recordar para aprender de los errores.

Por supuesto que hay personas que nunca aprenden, que siguen cometiendo los mismos errores una y otra vez aunque los perdonen y orienten. Cuando esto ocurre, es una señal de que deberían estar haciendo otra cosa. Una buena pregunta de diagnóstico para un equipo o empresa, para saber si tiene el ambiente propicio para innovar es "¿Qué pasa cuando las personas se equivocan?" Si la respuesta es perdonar y recordar, el ambiente es más propicio para la innovación que en las dos primeras opciones (culpar y olvidar). "Si quieres ser inventivo, tienes que estar dispuesto a fallar" afirma Jeff Bezos.[295] Esto no quiere decir que el fracaso sea bueno. Al contrario, es malo, a nadie le gusta pero es una parte inevitable del aprendizaje en la vida y el trabajo de innovación.

El segundo consejo es que la innovación requiere de la *venta*. Al fijarnos en la historia de los grandes innovadores, hay dos cosas que destacan: una es que de una u otra manera obtuvieron grandes ideas de alguien o algún lugar y la segunda fue que lograron *venderlas y comercializarlas muy bien*. Por ejemplo, Robert Fulton recibió todo el crédito por inventar el barco de vapor pero en su época, siglo 19, había muchos barcos de vapor grandes o al menos funcionales que se usaban en minería. No obstante, la razón por la que Fulton obtuvo todo el crédito y la gente compró sus barcos es que él, más que nadie, fue quien mejor promocionó y vendió su invento. A.G.Lafley, el ex CEO de Procter & Gamble afirma:

Una innovación es la conversión de una nueva idea en ventas. Un producto ingenioso que no suma valor al cliente y no genera un beneficio económico a la empresa no es una innovación. La innovación no está completa hasta que genera resultados económicos.[296]

Thomas Edison no solo fue un gran inventor sino también un magnífico vendedor. Una vez, cuando un periodista iba a su laboratorio en Nueva Jersey, Edison corrió por la parte de atrás y se puso ropa sucia, como si hubiera estado inventando en su laboratorio cuando, de hecho, no había estado haciendo eso. Mientras el periodista era conducido adentro, el viejo se disfrazaba para aparentar la imagen heroica del *Gran Inventor Thomas Edison*. De repente se desprendía de sus modales infantiles, "adoptaba la postura de una estatua distinguida y ponía la mirada fija en el más allá"[297].

Con este tipo de gestos y trucos publicitarios, Edison propagó la imagen de "genio solitario" que el periodismo difundía entre el público. Era pues un "mago" del marketing y la venta: se jubiló con 12 millones de dólares, una suma enorme en su época. Steve Jobs fue más el diseñador y vendedor de Apple mientras que su socio Wozniak fue el ingeniero o técnico. Es fundamental ver con quien se forma una sociedad porque se necesitan personas que puedan inventar pero también *vender y obtener ingresos*.

El último consejo para ser un buen líder –concluye Sutton– es preguntarse si las personas de un equipo salen más o menos energizadas, después de interactuar con su jefe. Hay líderes que contagian entusiasmo y energizan a su equipo, mientras otros desalientan, maltratan o ponen obstáculos. Hay una investigación del profesor Rob Cross (Universidad de Virginia) que avala este punto. Hace algunos años, Cross y sus colegas estaban analizando quien era el líder más eficaz, en comparación con el menos eficaz siguiendo un cuestionario muy detallista. De pronto se les ocurrió preguntar: "¿Después de hablar con esta persona, tiene usted más o menos energía?"[298] Cuando analizaron los datos de este estudio, resultó que uno de los factores más importantes para predecir si una persona obtendría una promoción o si estaba rodeada de personas que dedicaban esfuerzo a la innovación, era cómo respondían a esa simple pregunta.

Por tanto una pregunta que debería hacerse un jefe si pretende ser un buen líder de innovación es: "¿Después que la gente habla conmigo, tiene más o menos energía?" Cuando las personas escuchan esta investigación por primera vez, piensan que esto significa ser más emocionantes, carismáticos o simpáticos. Pero la investigación de Cross demuestra que no es el caso, que las personas con energía a menudo son un poco discretas o tal vez aburridas. Sin embargo, hacen un montón de cosas que mencionamos en los capítulos anteriores, como cuidar las espaldas de su gente, crear situaciones en la que las personas se sienten recompensadas por sus esfuerzos y saber cuándo presionar lo suficiente pero no demasiado.

En particular el estudio descubrió que los jefes enérgicos ven más posibilidades de innovar, mientras que los no-enérgicos solo ven obstáculos y problemas. Los enérgicos hacen sentir a su equipo que puede contribuir significativamente a que las cosas mejoren, mientras los no-enérgicos creen que solo ellos tienen la respuesta. Los enérgicos escuchan con atención cuando su gente les habla y esto se ve en su lenguaje corporal, en sus gestos, ojos, etc. En cambio los no-enérgicos solo quieren mandar a callar e imponer sus puntos de vista. Finalmente, los enérgicos son íntegros y claros, no tienen intenciones ocultas o egoístas -dicen la verdad- mientras los otros, hacen todo lo contrario. En síntesis, la energía que un líder contagia a su equipo es uno de los rasgos más importantes que debe tener un jefe o gerente que pretenda innovar.

> Cuando tenemos un problema loco, lo más probable es que alguien en IDEO tenga las habilidades para solucionarlo.[299]
>
> **Steve Jobs**

Capítulo 8

¿Qué es IDEO?

En los capítulos anteriores mencionamos varias veces a IDEO y dijimos que es una famosa consultora de innovación de Silicon Valley. En 1980 Jobs le pidió a IDEO que desarrollara un *mouse* para una nueva computadora, la *Lisa*. El equipo de IDEO abandonó el costoso mecanismo del *mouse* anterior y lo reemplazó con un componente más práctico que todavía usan casi todos los *mouse* de hoy. Jobs recuerda:

> la gente me decía que nos llevaría cinco años fabricar un *mouse* a un costo de 300 dólares cada uno. Finalmente me cansé. Simplemente salí y encontré a *David Kelley Design* [más tarde renombrado IDEO] y le pedí que me diseñara un *mouse*. En 90 días teníamos un *mouse* que podíamos fabricar solo por 15 dólares y era fenomenal.[300]

David Kelley y Steve Jobs trabajaron juntos por más de 30 años. Kelley lo recuerda: "Jobs era un buen cliente. Hicimos nuestro mejor trabajo para él. Nos hicimos amigos y me llamaba a las 3 de la mañana para consultarme cosas cuando éramos solteros"[301]. IDEO ayudó a diseñar docenas de productos para Apple, incluidos las computadoras Apple III y Lisa. En 2007 le diagnosticaron cáncer de garganta a Kelley con 40 por ciento de posibilidades de sobrevivir. Jobs ya padecía su propio cáncer mortal y le dio algunos consejos: "No consideres ninguna alternativa: ve directamente a la medicina occidental. No pruebes hierbas ni nada extraño"[302]. Jobs había intentado curarse solo con métodos alternativos: jugos naturales, acupuntura y suplementos dietarios.

Uno de los logros más importantes de IDEO es que mediante su base de datos (recolectados durante 26 años sobre clientes en diferentes industrias), ha descubierto los 6 atributos de las empresas innovadoras: con este descubrimiento ha hecho un aporte fundamental para entender cómo ocurre la innovación. Antes de comentar estos 6 atributos, describo brevemente el origen de IDEO y la manera en que trabaja. Esta consultora se remonta a 1978 cuando el ingeniero David Kelley, que había trabajado para la fabricante de aviones Boeing, estableció su firma de diseño, *David Kelley Design* (DKD). En 1991 David Kelley se unió con Bill Moggridge y Mike Nuttall, fusionaron sus oficinas y la llamaron IDEO, palabra que en inglés, significa "ideas" y otras compuestas como "ideograma" e "ideología". Más tarde se incorporó Tom Kelley, hermano de David.

La sede de IDEO ocupa seis edificios en el centro de Palo Alto (Silicon Valley, California). Tiene sucursales en San Francisco, Nueva York, Chicago, Boston, Londres, Munich, Shangai y Tokio (aproximadamente, unos 600 empleados al año 2023). Ha ganado más premios de diseño que cualquier otra firma: solo en 2014 ganó 8 premios de la *Industrial Designers Society of America*. Sus clientes van desde multinacionales hasta empresas que buscan las habilidades técnicas que les faltan. IDEO ha diseñado más de 4000 productos para 1000 empresas en más de 50 industrias diferentes. Entre estos productos hay computadoras portátiles, guitarras de juguete, equipamiento médicos del tamaño de pequeños automóviles, cepillos de dientes para niños, la ballena mecánica de la película *Free Willy*, botellas de agua para bicicletas, diseño de interiores para el tren de alta velocidad Amtrak Acela, la silla Leap para Steelcase, plumas de insulina para Eli Lilly, la Palm V, la cámara instantánea i-Zone de Polaroid, gafas de sol Nike, gafas de esquí Smith, palancas de mando Logitech, tubo de pasta de dientes Crest´s Neat Squeeze, libros electrónicos, dispositivos quirúrgicos, etc.[303]

Dado que es una consultora especializada en creatividad, sus oficinas se componen de espacios abiertos tipo *loft* con numerosos productos, prototipos, bocetos, modelos de espuma y juguetes que se encuentran dispersos por todas partes: al entrar a sus oficinas se tiene la impresión de una mezcla de alta tecnología y un jardín de infantes. IDEO es conocida por su proceso creativo como por sus productos innovadores. Aunque Alex F. Osborn (cofundador de la agencia de publicidad BBDO) dio a conocer el *brainstorming* en 1953 con su libro *Applied Imagintation*, fue IDEO el que la hizo famosa, haciendo a un lado las jerarquías tradicionales del management y volviendo divertido el proceso de ingeniería. La consultora IDEO también es experta en el proceso creativo de *Design Thinking*. David Kelley es profesor y fundador de la escuela de diseño *Hasso Plattner Institute of Design* de la Universidad de Stanford, conocida como la *d. school* para diferenciarse de la business o *b. school*.

Para cada nuevo proyecto, IDEO utiliza las experiencias que sus ingenieros y diseñadores han adquirido al trabajar para clientes de diferentes industrias. En IDEO la jerarquía burocrática tradicional es prácticamente inexistente. Puede haber un puñado de "gerentes" que trabajen juntos para asignar gente a los proyectos. Pero incluso estos gerentes dedican tiempo a tareas de ingeniería para "mantener sus manos sucias". Eso no significa que no haya "jefes" y gerentes. Incluso sin una jerarquía formal, todos saben quién es el mejor diseñador, el mejor líder de proyecto, a quién acudir para pedir ayuda y quien es el jefe. Solo significa que no hay jerarquías rigídamente establecidas. Para cada proyecto hay un gerente de proyecto, un jefe (el cliente) y roles claros para todos en cada equipo. Pero en el próximo proyecto, el antiguo gerente podría cambiar y quedar trabajando para alguien que el había gerenciado la última vez.

Dependiendo de la naturaleza del problema, el cliente o la industria, diferentes ingenieros o diseñadores se convierten en expertos. Para un proyecto sobre corte de cabello, la experiencia de un ingeniero sobre máquinas cosechadoras puede servir y entonces se lo incorpora al equipo. Pero para el próximo proyecto, por ejemplo el rediseño de la cabina de un tractor, este gerente puede tomar un papel más central en el equipo. En IDEO es raro que las personas sigan trabajando en una industria en particular en más de uno o dos proyectos. Los equipos a menudo se separan por completo después de un proyecto. Este movimiento brinda a las personas una amplia variedad de conocimientos y experiencias. A menudo se trae a miembros adicionales para breves *brainstorming* o esfuerzos temporarios.

Los equipos suelen ser pequeños, con un promedio de dos a siete personas y cambian de tamaño con el tiempo según las demandas de cada proyecto. Esto les permite aprovechar las experiencias y el conocimiento de diferentes personas. Sean Corcorran, gerente de IDEO, ha plasmado esta estructura fluida en una iniciativa llamada "el movimiento en 15 minutos": creó oficinas cuyos muebles puedan *removerse y volverse a ordenar en solo 15 minutos*, dependiendo de la estructura cambiante de cada nuevo equipo. Su solución fue incrustar más enchufes y conectores de energía en el piso para que el personal pueda reconfigurar el espacio a voluntad, colocando todos los muebles sobre ruedas para que puedan deslizarse, sin tener que guardar o desarmar todo.

Los diseñadores de IDEO han acumulado una colección de más de 400 materiales y productos que guardan en la *Tech Box*, un conjunto de cajones y gabinetes en cada una de las oficinas de IDEO que alberga muchos de los artilugios mecánicos y eléctricos con que han trabajado en sus proyectos: baterías pequeñas, interruptores, tela que brilla en la oscuridad, tableros de circuitos flexibles, motores eléctricos, altavoces, golosinas holográficas, bisagras flexibles y elásticas, enchapados en metal, tubos de cobre sellados al vacío, tubos de madera contrachapada, etc. Cada vez que alguien ve o usa algo que parece útil, lo deja en la *Tech Box*, se registra y se coloca en un sitio web. Cuando surge un problema en un nuevo proyecto, los diseñadores pueden tomar lo que necesitan de la *Tech Box* para inspirarse o buscar una solución.[304]

Además del asesoramiento en las más variadas industrias, IDEO también ha incursionado en la educación creando escuelas innovadoras de bajo precio en Perú. El empresario peruano Carlos Rodríguez-Pastor, CEO de Intercorp (un grupo con más de 30 empresas, bancos, centros comerciales, farmacias, supermercados, cines, etc., que representa el 2,5% del producto interno bruto de Perú), contrató a IDEO para construir una red completa de escuelas privadas (*Innova*) impulsadas por un nuevo modelo de aprendizaje. "El futuro de nuestro país –dice Rodríguez-Pastor– se basa en nuestra capacidad para educar con éxito a la próxima generación. IDEO ayudó a *Innova* a diseñar un modelo escolar que trae educación internacional de calidad a Perú". *Innova* es una red de 54 escuelas privadas a un costo asequible para las familias peruanas (USD 100 dólares por mes) con más de 2000 maestros y más de 43.000 estudiantes inscritos. En 2013 esta red ya había mejorado las habilidades de los alumnos en matemáticas y lectura por arriba del promedio nacional de Perú.[305]

Los 6 atributos de las empresas más innovadoras del mundo

Durante muchos años IDEO analizó más de 250 organizaciones y 500 equipos de trabajo en 14 países diferentes y descubrió que las empresas más innovadoras del mundo tienen 6 atributos en común: 1) empoderan a sus miembros; 2) hacen experimentos para aprender qué funciona y qué no; 3) tienen una cultura de trabajo basada en la colaboración creativa; 4) implementan con belleza y elegancia sus productos (ej. Apple); 5) miran otras industrias para extraer ideas y 6) tienen un propósito claro que inspira al personal. En más de 250 organizaciones la mejora de estos atributos resultó en una performance de 211 a 303 por ciento mayor al promedio de las empresas del S&P 500.[306]

Después de identificar estos 6 atributos, IDEO creó una herramienta de evaluación (*Creative Difference*), una encuesta que ayuda a los miembros de una empresa a comprender qué tan creativos, flexibles o competitivos son. La encuesta invita a todos los miembros a dar su opinión sobre sus experiencias de trabajo. IDEO analiza esta información y proporciona un análisis completo del rendimiento del equipo o empresa que incluye comentarios sobre las medidas a implementar para impulsar la innovación. Por ejemplo, la encuesta puede mostrar que un equipo tiene un *propósito* muy claro pero que carece de *colaboración*. Un equipo puede obtener un puntaje alto en *empoderamiento* pero un puntaje bajo o nulo en *experimentación*.

Más de 100 empresas han utilizado *Creative Difference* para evaluar las habilidades de sus equipos. Por ejemplo, en Latinoamérica, el grupo peruano Intercorp estaba ante el desafío de adquirir habilidades de innovación. El Director de Innovación de Intercorp, Hernán Carranza, dice que *Creative Difference*: "…Es nuestra herramienta maestra para maximizar la creatividad de nuestros 58.000 empleados y hacer un seguimiento de cómo nuestras 29 compañías evolucionan año tras año. Es medible, escalable y extremadamente accionable"[307]. Gracias a esta herramienta, Intercorp logró lanzar 5 nuevos servicios digitales en 2018.

¿En que consisten estos 6 atributos? De algunos de estos atributos dijimos algo en los capítulos anteriores pero ahora cabe complementarlos con la visión de IDEO. El *empoderamiento*, el primer atributo en orden de impacto, tiene lugar cuando los jefes otorgan libertad a los equipos para resolver problemas, los apoyan cuando toman riesgos y la gente se siente cómoda desafiando el *status quo*. Según IDEO, las organizaciones donde los miembros se sienten *empoderados* tienen un 69% más de probabilidad de lanzar al mercado productos y servicios con éxito. En otras palabras, *empoderar* significa dar *poder* a las personas. ¿Cómo se hace? Dándoles *libertad* para proponer ideas y tomar la iniciativa, sin que nadie los castigue, burle o ridiculice.

El segundo atributo en orden de impacto es la *experimentación*. IDEO ha descubierto que los equipos que prueban 5 o más soluciones alternativas tienen un 50% más de probabilidad de lanzar productos y servicios con éxito. Las empresas innovadoras hacen experimentos para probar nuevas ideas y productos, cuentan con poca burocracia y una actitud constructiva hacia los fracasos, sabiendo que algunos serán necesarios para descubrir nuevas oportunidades. Construyen prototipos de manera rápida y económica para explorar nuevas ideas y conceptos y comparten las ideas entre todos. La experimentación es fundamental para que las organizaciones obtengan *feedback* de sus clientes y usuarios finales.

Tom Kelley y David Kelley comentan en su libro *Creative Confidence* (2013), que la experimentación es el origen de muchas innovaciones a lo largo de la historia. Thomas Edison dijo que "la real medida del éxito es la cantidad de experimentos que pueden hacerse en 24 horas". Los Kelley nacieron en Ohio donde los hermanos Wright lograron el primer vuelo de un avión en 1903 pero enfocarse en este histórico vuelo, hace olvidar los "cientos de experimentos que fallaron durante años hasta este vuelo exitoso"[308]. Charles Goodyear hizo muchos experimentos hasta descubrir la mejor manera de manipular el caucho, material que hoy se utiliza para hacer las llantas Goodyear. Los Kelley señalan que la mejor manera de lograr algo es:

> Construir un prototipo. Si tú llegas a una reunión con un prototipo interesante mientras el resto solo trae su laptop o cuadernos de notas, no te sorprendas que la reunión se centre en tus ideas. La razón para prototipar es experimentar, el acto de crear algo para generar preguntas y tomar decisiones. El prototipo también te da algo para mostrar y hablar con otras personas. En IDEO a menudo construimos prototipos.[309]

Estar abierto a la experimentación es lo que lleva muchas veces a la innovación, como el caso de la línea área *Air New Zealand*. Debido a su aislamiento en el hemisferio sur, a estar muy lejos de las rutas áreas a Londres o Los Angeles, se vió forzada a producir algún valor agregado en sus vuelos, como asientos más cómodos. Por tanto, *Air New Zealand* se unió con un equipo de IDEO para generar algunas ideas: hicieron *brainstorming* y produjeron una docena de prototipos poco convencionales, desde un harnés para mantener a los pasajeros parados, un grupo de asientos mirándose mutuamente ubicados alrededor de una mesa y hasta hamacas colgadas del techo. Como todos participaron activamente, nadie tuvo miedo de sentirse juzgado o criticado. Ed Sims, gerente general de *Air New Zealand*, recuerda: "Fue liberador tirarse al piso con cartones, poliestireno y papeles para cortar modelos de asientos"[310].

Estando abiertos a las ideas más locas y cuestionando las creencias, desarrollaron *Skycouch*, unos asientos de clase económica que permiten acostarse. Los asientos incluyen una parte acolchada que puede ser balanceada con un apoya piés, transformando una hilera de tres asientos en una plataforma parecida a un futón donde una pareja puede recostarse o dormir: hoy los observadores de la industria área lo llaman la "clase cucharita" (*cuddle class*). Este nuevo diseño, fruto de la experimentación, le valió a *Air New Zealand* muchos premios, como el *Condé Nast Traveler's Innovation & Design*.

Los experimentos en el mundo de los negocios solían hacerse internamente, a puertas cerradas. Pero hoy las empresas innovadoras lanzan productos nuevos "para aprender". En vez de esperar hasta el desarrollo final del producto, lo lanzan al mercado para probarlo y obtener información de los clientes para mejorarlo. Muchas *start-ups* usan esta estrategia. Hacen un poco de diseño, implementación y lo lanzan aún sin terminar, introducen correciones y lo lanzan de nuevo. Cuando aprenden algo que no funciona, lo ajustan lo más rápido posible. Al lanzar una serie de experimentos pequeños para aprender, evitan el riesgo de pasarse años perfeccionando un producto que, al final, nadie puede querer. El director de diseño de IDEO, Tom Hulme lo describe así: "Lanza tu idea al mundo antes que esté lista" porque el testeo en el mercado, aún cuando no esté terminada, es una información valiosa.[311]

Esta estrategia también la usan empresas innovadoras como Google y Amazon. Google tiene la filosofía de lanzar productos "temprano y constantemente". Marissa Mayer (ex vicepresidenta de *search products* de Google) opina:

La manera *Googly* es lanzar temprano en Google Labs y luego iterar, aprendiendo lo que quiere el mercado y haciéndolo grandioso. Lo bueno de *experimentar* de esta manera es que nunca te alejas demasiado de lo que quiere el mercado. El mercado te vuelve para atrás. [312]

Jeff Bezos sabe lo importante que es cada interacción de Amazon con el cliente, como el tiempo que toma entrar a su página, la facilidad para usarla, la rapidez para entregar paquetes, la respuesta rápida a los mails de los clientes, etc. El equipo WebLab de Amazon está constantemente haciendo experimentos con la interfaz de usuario de su sitio web. Los datos estadísticos le muestran que interfaces funcionan mejor. [313]

El tercer atributo por orden de impacto es la *colaboración*. En un ambiente de colaboración creativa, todos los miembros de una organización trabajan juntos en pos de un mismo objetivo en vez de competir entre las distintas divisiones creando una *mentalidad de silo* (retaceo de información o negación a prestar ayuda a otras divisiones). Vimos que la diferencia entre el éxito de Apple al lanzar su *iPod* y el fracaso de Sony con su *Connect*, radicó en que en Apple había un gran espíritu de colaboración mientras que en Sony predominó una mentalidad de silo.

IDEO ha descubierto que las organizaciones donde los equipos colaboran eficazmente tienen un 38% más de probabilidad de lanzar productos y servicios con éxito. Las organizaciones donde reina un espíritu de colaboración tienden a crear equipos multidisciplinarios para abordar los problemas: las personas se sienten cómodas buscando a otros para pedir ayuda y la información es accesible para todos los miembros de la empresa.

Las mejores ideas de IDEO han resultado de la colaboración entre varias personas. La creatividad en IDEO es un trabajo en equipo, como un deporte. Pero para colaborar con otros se requiere humildad. "Tienes que empezar por reconocer -dicen los hermanos Kelley- que tú no tienes todas las respuestas". Lo que IDEO ha descubierto tras muchos años de trabajar para los clientes más demandantes del mundo es que el todo es mejor que la suma de las partes. Para hacer que los equipos funcionen bien, las personas tienen que adherir a la idea de que trabajar juntos es la mejor estrategia y que no hay una solo persona que sea totalmente responsable del éxito final. En vez de individuos hablando de "sus ideas", los mejores equipos se sienten más a gusto con la *autoría del grupo* como dueño de la idea.

Cuando un cliente le preguntó recientemente a un equipo de IDEO que indicara los nombres y las ideas de cada integrante del equipo, IDEO se sintió incómodo porque "estamos tan acostumbrados a construir sobre las ideas de otros que nos resulta contracultural decir *Esta idea es mía*"[314]. La colaboración funciona especialmente bien cuando los miembros de un equipo tienen diferentes profesiones, conocimientos y oficios. Por eso en IDEO mezclan ingenieros, antropólogos y gente de negocios junto a cirujanos, científicos de la nutrición y economistas estudiosos del comportamiento humano. Al trabajar en equipos multidisciplinarios, pueden llegar a lugares que nunca hubieran llegado trabajando individualmente.

IDEO considera que los *dúos* o *parejas de creativos* son muy importantes para un equipo, porque transmiten la confianza que tienen entre ellos al resto del equipo.[315] Además, todo buen equipo comienza por una relación entre dos personas: la menor cantidad en una relación. En management se suele estudiar a los individuos (los CEO como "héroes" individuales) o los equipos, pero *se pasa por alto a los dúos* y la historia de la innovación está llena de dúos notables: Jobs-Wozniak (Apple), Gates-Allen (Microsoft), Page-Brin (Google), Noyce-Moore (Intel), David Kelley-Tom Kelley (IDEO), Hewlett-Packard (HP), Wilbur y Oliver Wright (pioneros de la aviación), Edison-Batchelor, etc. También ocurre en la música: Lennon-McCartney (Beatles), Jagger-Richards (Rolling Stones), Elton John-Bernie Taupin, Richard y Karen Carpenter (*The Carpenters*), etc.

El cuarto atributo en orden de impacto es la *implementación*. Según IDEO las organizaciones que logran que la estrategia, el diseño, el producto y la implementación combinen armónicamente, tienen un 25% más de probabilidad de lanzar productos y servicios con éxito. Estas organizaciones encuentran soluciones elegantes para los obstáculos técnicos y las diferentes divisiones de la empresa se comunican bien desde la visión original hasta la implementación final. Los equipos cuentan con las habilidades para superar los desafíos técnicos durante la implementación y tienen el tiempo suficiente para resolver estos problemas de manera creativa. No se suspenden o cancelan las soluciones debido a desafíos técnicos que se presentan como insuperables. El trabajo detallista es considerado un valor y la organización proporciona las condiciones para que la gente sea detallista en su trabajo. Apple es el ejemplo de esto, lo que puede verse en la elegancia, diseño y terminación de sus productos.

El quinto atributo de las organizaciones más innovadoras es que *miran otras industrias para extraer ideas*, lo que IDEO llama "inspiración por analogía". Las organizaciones que hacen esto tienen un 24% más de probabilidad de lanzar productos y servicios con éxito. Este atributo consiste en el grado en que los empleados obtienen ideas e inspiración más allá de las paredes o muros de la empresa. Esto les permite descubrir ideas y soluciones para desarrollar nuevos productos o servicios en su industria. Las organizaciones que se destacan por esto tienen una idea clara de quiénes son los clientes, que está pasando en el mercado y qué tendenencias (técnicas o sociológicas) pueden aprovechar para alcanzar sus objetivos.

Investigan tecnologías relevantes para su negocio, tendencias de mercado y otras industrias y las utilizan para encontrar nuevas oportunidades. IDEO es un ejemplo de esto pues para sorprender a sus clientes, mira soluciones e innovaciones en otras industrias. Como vimos, el fabricante de bicicletas *Specialized* le pidió a IDEO que diseñara una botella de agua original y al equipo de IDEO se le ocurrió usar un pico a prueba de derrames que había desarrollado cinco años antes para una botella de champú que podía colgarse boca abajo en la ducha. Pero se enteraron de este mecanismo cuando trabajaban para una empresa de la industria médica donde vieron válvulas para corazones artificiales. En síntesis, mirando las industrias del champú y las válvulas médicas extrajeron ideas para fabricar botellas de agua para ciclistas, un ejemplo clásico de "inspiración por analogía".

El sexto atributo en orden de impacto es el *propósito*. Las organizaciones más innovadoras tienen una visión clara de porqué y para que existen, más allá de ganar dinero: es lo que IDEO denomina un *propósito*. IDEO descubrió que estas organizaciones contagian pasión a sus miembros y tienen un 20% más de probabilidad de lanzar nuevos productos y servicios con éxito. Además son un 40% mejor al momento de retener gente talentosa.[316] En las organizaciones con un *propósito claro* existe una alineación entre el liderazgo y el resto del personal sobre el cambio que quieren lograr. ¿Qué es un *propósito*? El propósito puede verse desde una perspectiva personal en vez de profesional. Según algunos estudios, las personas que tienen un propósito claro en su vida, viven 15% más que las que no sienten tener ningún propósito. A veces este propósito coincide con la vida profesional.[317]

El propósito también puede generarse en los equipos de trabajo. Algunos estudios lo demuestran. Por ejemplo, el profesor Adam Grant (Universidad de Pennsylvania, Wharton School) y colegas acordaron que un equipo de empleados de un *call center* que recaudaba dinero para estudiantes necesitados de solventar sus estudios, conociera a estos estudiantes en un encuentro de solo 5 minutos. Este breve encuentro tuvo un gran efecto: los que interactuaron con estudiantes pasaron más del doble de tiempo en el teléfono y recaudaron casi el triple del promedio semanal (USD 503, empezando por USD 185).[318] El hecho de conocer a estos estudiantes en persona, los motivó a trabajar más tiempo y recaudar más dinero. Grant hizo otros estudios en otras industrias y encontró el mismo resultado. Su conclusión es que cuando la gente ve el impacto que tiene su trabajo y a quienes ayudan, no solo es más feliz sino que es más productiva: ayudar a alguien a cumplir su sueño los motivó a trabajar más. Según otro estudio, 84% de los millennials estiman que "hacer una diferencia" es más importante que el reconocimiento profesional, algo que también se encontró en estudios con adultos.

Muchas empresas formulan su *propósito* con claridad y eso les sirve para inspirar a los empleados de su organización. Por ejemplo, el propósito o misión de Tesla, con sus autos eléctricos, es hacer que el público viva en un mundo con "energía sustentable" y para eso puso a disposición del público sus patentes de invención. Elon Musk, el fundador de Tesla, sostiene:

el liderazgo tecnológico no está definido por las patentes sino por la habilidad de una empresa para atraer a los ingenieros más talentosos: nosotros creemos que abrir nuestras patentes al público va a fortalecer, en vez de disminuir, la posición de Tesla en este aspecto.[319]

Tesla no solo formula su propósito con claridad sino que además lo respalda con hechos: da a conocer su tecnología y patentes porque cree que contribuyen a hacer un mundo mejor y esto inspira a muchos empleados y clientes de Tesla, más allá del dinero y los autos en si. En 2014 Elon Musk dijo: "Si podemos hacer cosas que no nos perjudiquen y ayuden a la industria automovilística estadounidense, deberíamos hacerlo"[320].

El consultor Simon Sinek señala que muchas empresas pueden explicar que es lo que hacen, algunas pueden explicar cómo lo hacen pero muy pocas pueden explicar "*porqué* hacen lo que hacen" (el propósito). El porqué es determinante para la comprensión de los hechos humanos y la razón -rasgo distintivo del ser humano- busca comprender *porqué* pasa lo que pasa o bien por qué alguien dijo lo que dijo o se comporta de determinada manera. Apple es una empresa que explica bien porqué hace lo que hace. Tiene la fórmula para contagiar propósito y pasión a empleados y clientes. Sinek señala:

Si Apple fuera como la mayoría de las empresas, su mensaje de marketing podría sonar así: 'Hacemos grandes computadoras. Están bellamente diseñadas y son fáciles de usar. ¿Quieres comprar una?'. Así es como la mayoría de nosotros nos comunicamos. Pero Apple se comunica de una manera totalmente diferente pues te dice: 'Creemos en desafiar el *status quo*. Creemos en pensar de manera diferente. La forma en que desafiamos el *status quo* es haciendo que nuestros productos estén bellamente diseñados y sean fáciles de usar. Simplemente hacemos grandes computadoras. ¿Quieres comprar una?'. Suena muy diferente ¿verdad?. Esto demuestra que la gente no compra lo que haces: la gente compra *porqué* lo haces. El objetivo no es hacer negocios con todos los que necesitan lo que tú tienes: el objetivo es hacer negocios con personas que *creen lo que tú crees*. Siempre digo que si contratas personas solo porque pueden hacer un trabajo, trabajarán por tu dinero pero si contratas personas que *creen lo que tú crees*, trabajarán para ti con sangre, sudor y lágrimas.[321]

Para concluir. Hoy todas las organizaciones enfrentan un contexto volátil, incierto, complejo y ambiguo (del acrónimo *vica*) con problemas difíciles de resolver que requieren soluciones multidisciplinarias (el término vica se originó en el ejército estadounidense y en los trabajos de Warren Bennis y Burt Namus, profesores de liderazgo empresario).[322] Algunos estudios sostienen que en los próximos 10 a 20 años, alrededor de la mitad de las empresas del S&P 500, serán reemplazadas por nuevas empresas con tecnologías disruptivas, algo que ya ocurrió en el pasado.[323]

En efecto, durante las décadas de 1970 a 1990, varias empresas con tecnologías y modelos de negocios disruptivos, desplazaron a empresas consolidadas. Según vimos, Apple y su computadora personal, comenzaron a competirle a IBM que vendía *mainframes* y computadoras enormes para el gobierno y grandes empresas mientras que la fotografía digital destronó el monopolio que Kodak tenía gracias a sus rollos fotográficos.

En la década del 2010, Amazon ya tenía, aproximadamente, la mitad del mercado de libros impresos. En libros *electrónicos*, tenía el 84% del mercado mientras que Barnes & Nobles apenas el 2%. A partir del año 2010, Barnes & Nobles tuvo que cerrar unos 90 locales.[324] Tesla, la empresa de Elon Musk, domina el mercado de autos eléctricos en Estados Unidos, superando a empresas tradicionalmente establecidas como Nissan, Chevrolet, Ford y Volkswagen. Según algunos informes, Tesla tiene una participación de mercado del 69,95% mientras que Nissan ocupa el segundo lugar con 8,51%.[325]

Estos casos demuestran que cualquier organización, por más tecnológicamente avanzada o consolidada que sea hoy, puede verse sorprendida y superada por algún emprendedor, el próximo Jeff Bezos o Elon Musk. Nadie puede "dormirse en los laureles". Por tanto, es aconsejable que las organizaciones que pretendan permanecer en el mercado a largo plazo, implementen estos 6 atributos que IDEO descubrió (o que los mejoren si los tienen), con el fin de crear un ambiente propicio para la innovación continua.

CONCLUSIÓN

Liderazgo de la innovación en el siglo 21

Si a usted lo nombran jefe de un grupo de personas para hacer algo innovador; por ejemplo, fabricar un producto nuevo, diferente a todos los que ofrece el mercado ¿Qué consejos recibiría de los innovadores de Silicon Valley? Supongamos que puede elegir su equipo de trabajo. El primer consejo sería que elija las personas que no solo tienen conocimiento sino también *empatía* y gran disposición para el *trabajo en equipo* (en Silicon Valley las llaman personas *T-Shape*). Recuerde que desarrollar un producto innovador requiere de la colaboración de muchas personas, no solo el aporte de "genios solitarios". Steve Jobs y Bill Gates dicen que todo lo que se hizo en Apple y Microsoft fue hecho por gente talentosa, con quienes se asociaron. Por otra parte, el objetivo de la creatividad (la "gran idea") es *transformarla en un producto para vender al público*. Por tanto, es importante que en su equipo tenga gente con la habilidad de vender, que sepa de marketing y publicidad. No olvide que Edison o Jobs fueron grandes creativos pero también "magos" del marketing.

Segundo, los innovadores de Silcon Valley también le aconsejarían que le de *poder* a los empleados para que propongan soluciones y tomen decisiones porque las empresas donde la gente se siente *empoderada* tienen un 69% más de probabilidad de lanzar al mercado productos exitosos (según IDEO). "En Microsoft nuestro superpoder es nuestra cultura de empoderar a otros", afirmó Kevin Scott (Chief Technoloy Officer) en una conferencia en 2019 en Silicon Valley.[326] No imponga jamás su jerarquía o su ego: deje que las mejores ideas prevalezcan, sin importar de quien vengan. Escuche con humildad: no asuma que sabe más que los subordinados.

La humildad es una de las virtudes más bellas mientras que la soberbia es uno de los peores defectos del ser humano. Defienda lo que cree con convicción *pero escuche a su equipo como si estuviera equivocado.*

Cuando haga reuniones para discutir ideas, no permita que critiquen a la persona que está proponiendo algo, por más "tonto" que suene. Utilice su liderazgo para hacerla sentir cómoda porque hay personas que aguantan las críticas sin consecuencias, pero otras (más sensibles o introvertidas) pueden quedarse inhibidas para siempre si las critican con dureza.

Tercero, utilice su inteligencia emocional -no solo su "fría" racionalidad- para crear un ambiente de trabajo con *seguridad psicológica:* el aspecto más importante en los equipos de Google. Que todos sientan que pueden hablar sin temor a ser ridiculizados o castigados. Esto hará que se animen a proponerle ideas o se acerquen a usted en confianza, para anticiparle problemas que usted ignora y hasta podrían evitar una crisis o su destitución como jefe. La gente de su equipo es la mejor aliada para hacer su trabajo. Pero usted es el responsable de hacerlos sentir "aliados" en vez de enemigos o seres insignificantes que no saben nada y están para obedecerle.

Cuarto, frene rápidamente la *negatividad* en su grupo de trabajo porque innovar es difícil y la negatividad lo complica más. A veces solo hace falta "una manzana podrida en el cajón" (una persona que se queja siempre) para desalentar al resto del grupo o para que otros imiten sus malas actitudes. Estas tienen mucho más impacto que las buenas: cada discusión negativa con su mujer o pareja, requiere de 5 buenas charlas para repararla y a veces un insulto puede no olvidarse jamás. Según vimos, un jefe tomó la decisión de coser un parche de "No quejarse" en los uniformes de los empleados para dejar en claro que si había un problema, tenían que reportárselo o proponerle una solución pero no difundir negatividad.

Quinto, "abra el juego" para que todo el personal se entere de los problemas y desafíos que enfrenta usted, la empresa o la división. Es vital aprovechar el conocimiento de todos los empleados, no solo de otros jefes, gerentes o accionistas (dueños). Ningún presidente o CEO -ni siquiera Jobs o Gates- lo sabe todo, por más brillante que sea. Un grupo de personas es un caudal de inteligencia colectiva o "conocimiento disperso", diría el gran economista F. Hayek.

Por eso, las empresas innovadoras implementan métodos para que los empleados e incluso los clientes, propongan ideas. Por ejemplo, en BMW, la fabricante de autos, hay una red social interna llamada *Red Square* donde los empleados proponen soluciones y las discuten abiertamente. Se permite participar de forma anónima porque de lo contrario, ningún empleado se animaría a contradecir abiertamente a su jefe. Actualmente la usan más de 3.000 usuarios que han discutido más de 2000 ideas. Thomas Geyer de Skytech, quien desarrolló esta red social para BMW, explica que:

> para permitir el uso de la *inteligencia colectiva*, se necesitan entornos en los que las personas puedan comunicarse e interactuar a través de las fronteras de la empresa *sin miedo ni regulaciones*.[327]

De esta manera, se logra evitar o bajar las barreras de incomunicación y descoordinación que naturalmente se generan entre las distintas divisiones de una empresa (*silos*). Los jefes y líderes de BMW también obtienen ideas de *proveedores y clientes* mediante otra herramienta: el *Customer Innovation Lab* (un *kit* de herramientas virtuales en internet). Muchos proveedores y fanáticos de los autos BMW han presentado cientos de ideas sobre los temas más variados en este laboratorio de innovación virtual. Por ejemplo, la idea de transmitir automáticamente los datos relevantes a la compañía aseguradora en caso de accidente o la de informar al conductor los límites de velocidad cuando entra a un nuevo país.

Los hermanos Kelley (IDEO) sostienen que,

> las empresas más innovadoras del siglo 21 han mutado de organizaciones de tipo comando-control a una *versión participativa que incluye colaboración y trabajo en* equipo. Estas organizaciones *se nutren del cerebro de todos*, juntando ideas y visiones de cualquier lugar (...) Están abiertas a escuchar a los empleados que están al frente de las operaciones del día a día (...) ¿Hay algún empleado o socio esperando la oportunidad

para generar valor por miles de millones de dólares para tu organización? ¿Porqué no instalar un proceso o sistema de participación que permita a estos innovadores expresar sus ideas? ¿Por qué no dar a los miembros de tu equipo u organización más libertad creativa y oportunidades para alcanzar todo su potencial? (…) Podrías descubrir que alguien que no habías notado, está destinado a hacer algo genial. Toyota es una de las empresas *top* de autos que más alienta a sus empleados a proponer innovaciones como parte de su trabajo diario.[328]

Otra de las medidas que puede implementar, si tiene espacio en su oficina, es crear un "cuarto de creatividad" con sillones cómodos, máquinas expendedoras de golosinas y gaseosas o mesas de *ping pong*, billar o metegol, para que sus trabajadores se animen a hablar de manera más libre y espontánea, con usted y entre ellos. Vimos que Corning, la empresa que fabricó el vidrio para las bombillas de luz de Edison, tiene un "cuarto de creatividad". Por tanto anímese a copiar las buenas medidas que toman otras empresas. Todos aprendemos mirando a otros. Para aprender a jugar al tenis, miramos videos de Roger Federer y para el fútbol, los de Messi.

Sexto, haga experimentos, aunque sean pequeños o "tontos" porque le pueden aportar soluciones o visiones diferentes de encarar los problemas. De todas las *habilidades creativas* que tienen los innovadores de Silicon Valley, la *experimentación* es la más importante. Trate de reducir su costo porque así podrá aumentar la cantidad (ej. hacer una encuesta a sus clientes o invitarlos a un día de campo para escuchar sus sugerencias son "experimentos", una manera de empezar). Sin experimentación, no hay innovación. Vimos que el aceite llamado WD-40 se llama así porque las primeras 39 fórmulas fallaron pero la 40 tuvo éxito.

Michael Dell descubrió su "modelo de negocio" desarmando las computadoras para ver cómo funcionaban por dentro y según IDEO, la *experimentación* es el segundo atributo más importante de las empresas innovadoras, después del *empoderamiento*. Hoy las empresas innovadoras no esperan a tener un producto totalmente terminado para lanzarlo al mercado. Al contrario, construyen prototipos de manera rápida para obtener información (*feedback*) de clientes y usuarios finales. "Nosotros podemos tener una sensación de que tan bueno es un nuevo concepto prototipando por un solo día o una sola semana", señala Marissa Mayer (Google).[329]

Este estilo de liderazgo (legado de Packard y Noyce) es el que tiene más posibilidad de lograr que las personas a su cargo se sientan felices y según vimos, la felicidad facilita la creatividad.[330] Y cuando están relajadas, los estudios demuestran que son más creativas (al contrario, personas infelices y bajo presión negativa, son menos creativas). Este liderazgo (de corta distancia al poder, con autonomía, empoderamiento, seguridad psicológica y libertad) es el que ha generado la mayor cantidad de patentes de invención, logrando convertir las buenas ideas en productos que el público desea y compra (¡aumentan las ventas!).[331] Si eres jefe de un grupo de personas que quiere innovar, empieza por aquí y jamás dejes de perseverar ante los sucesivos fracasos.

BIBLIOGRAFIA

Libros

Asakura, R. (2000): Revolutionaries at Sony, New York, McGraw-Hill.

Bachrach, E. (2012): AgilMente, Buenos Aires, Sudamericana.

Bachrach, E. (2012): EnCambio, Buenos Aires, Sudamericana.

Barnett, H. (1953): Innovation: The Basis of Cultural Change, Nueva York.

Berkun, S. (2010): The Myths of Innovation, Sebastopol (Canadá), O`Reilly Media.

Bennis, W. y Namus, B. (1985): Leaders: The Strategies for Taking Charge, Harpercollins. US Army Heritage and Education Center.

Berlin, L. (2006): The Man behind the Microchip: Robert Noyce and the Invention of Silicon Valley, New York, Oxford University Press.

Byers T., Dorf, R. y Nelson, A. (2015): Technology Ventures: From Idea To Enterprise, New York, McGraw Hill.

Christensen, C. (1997): The Innovator`s Dilemma: When New Technologies Cause Great Firms to Fail, Boston, Harvard Business School Press.

Damasio, A. (2003): El error de Descartes, Buenos Aires, Paidós.

Drucker, P. (1987): La innovación y el empresario innovador, Buenos Aires, Sudamericana.

Duckworth, A. (2016): Grit, The Power of Passion and Perseverance, New York, Simon & Schuster.

Dyer J., Gregersen, H. y Christensen, C. (2011): The Innovator's DNA: Mastering the Five Skills of Disruptive Innovators, *Boston, Harvard Business Review Press.*

Gallo, C. (2011): The Innovation Secrets of Steve Jobs, New York, McGraw-Hill.

Gordon, J. S. (2001): The Business of America: Tales from the Marketplace-American Enterprise from the Settling of New England to the Breakup of AT&T, New York, Walker & Company.

Gupta, P. (2007): Business Innovation in the 21 Century, South Carolina, BookSurge, LLC, An Amazon Company.

Hackman, R. (2002): Leading Teams, Boston, Harvard Business School Press.

Hansen, M. (2009): Collaboration, Harvard Business School Publishing, Boston.

Hargadon, A. (2003): How Breakthroughs Happen: The Surprising Truth About How Companies Innovate, *Boston, Harvard Business School Press.*
Hofstede G., Hofstede, G. J. y Minkow, M. (2010): Culture and Organizations (Software of the Mind), Intercultural Cooperation and Its Importance for Survival, United States, 3rd. ed.

Hounshell, D. (1984): From the American System to Mass Production, 1800-1932: The Development of Manufacturing Technology in the United States, Baltimore, Johns Hopkins University Press.

Isaacson, W. (2014): Los innovadores, Buenos Aires, Debate.

Johansson, F. (2004): The Medici Effect, Boston, Harvard Business School Publishing.

Kelley, T. (2005): The Art of Innovation, New York, Doubleday.

Kelley, T. y Kelley, D. (2013): Creative Confidence, New York, Random House.

Kirton, M. (1989). Adaptors and Innovators: Styles of Creativity and Problem Solving (Revised Edition). London: Routledge.

Khun, T. (1970): The Structure of Scientific Revolutions (Second Edition, Enlarged), Thomas S. International Encyclopedia of Unified Science Volumes I and II-Foundations of the Unity of Science Volume II-Number 2, The University of Chicago Press, 1970.

Kotter, J. y Cohen, D. (2002): The Heart of Change, Boston, Harvard Business Review Press.

Lafley, A. G. y Charan, R. (2008): Game Changer, New York, Random House.

Levy, S. (2007): The Perfect Thing: How the iPod Shuffles Commerce, Culture, and Coolness, New York, Simon & Schuster.

Lopez Rosetti, D. (2017): Emoción y sentimientos, Buenos Aires, Planeta.

Mass, P. (1999): The Terrible Hours: The Man Behind the Greatest Submarine Rescue in History, New York, HarperCollins.

Mendonca L., Kirkland, R. y Kuntz, M. (2009): What Matters? Ten Questions That Will Shape Our Future, McKinsey Management Institute.

Michalko, M. (2001): Craking Creativity, Berkeley, Ten Speed Press.

Mueller, W. (1962): The Rate and Direction of Inventive Activity: Economic and Social Factors, Princeton.

Oppenheimer, A. (2014): ¡Crear o Morir!, Buenos Aires, Sudamericana.

Ortega y Gasset, J. (1983): Obras completas Tomo I (1902-1916), Glosas, De la crítica personal, Madrid: Revista de Occidente.

Packard, D. (1995): *The HP Way: How Bill Hewlett and I Built Our Company*, New York, HarperBusiness.

Pink, D. (2009): *Drive, The Surprising Truth About What Motivates Us*, New York, Riverhead Book.

Rabinow, P. (1996): *Making PCR: A Story of Biotechnology*, Chicago, University of Chicago Press.

Reid, R. (1997): *Architects of the Web: 1,000 Days that Built the Future of Business*, New York, Wiley.

Rogers, S. (2002): *The Entrepreneur's Guide to Finance and Business. McGraw Hill.*

Sala-i-Martin, X. (2016): *Economía en colores*, Barcelona, Penguin Random House.

Segaller, S. (1998): *Nerds 2.0.1.: A Brief History of the Internet*, New York, TV Books.

Shultz, H. y Yang, D. (1997): *Pour Your Heart Into It: How Starbucks Built a Company One Cup at a Time*, New York, Hyperion.

Sigafoos, R. (1983): *Absolutely, Positively Overnight!*, Memphis, St. Luke´s Press.

Simonton, D. K. (1999). *Origins of genius: Darwinian perspectives on creativity. Oxford University Press.*

Spitzer, Q. y Evans, R. (1997): *Heads, You Win! How the Best Companies Think*, New York, Simon and Schuster.

Sutton, R. (2002): *Weird Ideas That Work*, New York, Free Press.

Sutton, R. y Rao, H. (2014): *Scalling Up Excellence*, New York, Random House.

Tellis, G. (2013): Unrelenting Innovation, How to Build a Culture for Market Dominance, San Francisco, Wiley & Sons.

Townsend, R. (2007): Up the Organization, San Francisco, Jossey-Bass, 1970.

Wentz, R. C. (2012): The Innovation Machine, Alemania, Amazon.

Artículos, trabajos de investigación y entrevistas

A Century of Innovation, The 3M Story, International Standard Book, 2002. Disponible en: http://multimedia.3m.com.

About IDEO. Disponible en: https://www.ideo.com/about.

"Arthur Rock, MBA 1951", Harvard Business Review. Disponible en: https://entrepreneurship.hbs.edu/founders/Pages/profile.aspx?num =24.

"A Dozen Things I've Learned from Marissa Mayer about Business, Management, and Innovation", 25ip, December 14, 2014. Disponible en: https://25ip.com/2014.

Alaban, L. (2021): "San Jose Legends: John Sobrato's generosity is everywhere", *San José Spotlight,* 27 de junio de 2021. Disponible en: https://sanjosespotlight.com/san-jose-legends-john-sobratos-generosity-is-everywhere/.

Amabile T., Hadley, C. y Kramer, S. (2002): "Creativity Under the Gun", Harvard Business Review, August 2002. Disponible en: https://hbr.org/2002/08/creativity-under-the-gun.

Amabile, T. y Kramer, S. (2011): *The Progress Principle: Using Small Wins to Ignite Joy, Engagement, and Creativity at Work*, Boston, Harvard Business School Publishing. Disponible en: https://www.hbs.edu/faculty/Pages/item.aspx?num=40692.

Andersen, E. (2013): "21 Quotes From Henry Ford On Business, Leadership And Life", *Forbes*, 31 de mayo de 2013. Disponible en: https://www.forbes.com/sites/erikaandersen/2013/05/31/21-quotes-from-henry-ford-on-business-leadership-and-life/.

"Annacone, el guía espiritual de Sampras y Federer", *La Nación*, Buenos Aires, 1 de agosto de 2019. Disponible en: https://www.lanacion.com.ar/deportes/annacone-guia-espiritual-sampras-federer-nid2273088/.

Answers.com, "Jeff Bezos", mayo de 2003. Disponible en: http://www.answers.com/topic/jeff bezos.

Auletta, K. (2011): "Can Sheryl Sandberg Change Silicon Valley?" (A Woman´s Place), *The New Yorker*. 4 de julio de 2011. Disponible en: https://www.newyorker.com/magazine/2011/07/11/a-womans-place-ken-auletta.

Baard, P., Deci, E. y Ryan, R. (2004): "Intrinsic Need Satisfaction: A Motivational Basis of Performance and Well-Being in Two Work Settings". *Journal of Applied Social Psychology*, 34, 2045-2068. http://dx.doi.org/10.1111/j.1559-1816.2004.tb02690.x.

Bartlett, C. y Ghoshal, S. (2002): "Building Competitive Advange through People". *MIT Sloan Management Review* (Winter).

Barr, J. (2015): "Doug Klunder '81 Excel creator works for civil liberties", *MIT Technology Review*, 22 de diciembre de 2015. Disponible en: https://www.technologyreview.com/s/543961/doug-klunder-81/.

Bennis, W. y Namus, B. (1985): *Leaders: The Strategies for Taking Charge*, Harpercollins. US Army Heritage and Education Center. Q. Who first originated the term VUCA (Volatility, Uncertainty, Complexity and Ambiguity)?. Disponible en: https://usawc.libanswers.com/faq/84869.

"Best Practices in State and Regional Innovation Initiatives: Competing in the 21st Century", V. Annex A Stanford and Silicon Valley, National Academy of Sciences, 2013. Disponible en: https://www.ncbi.nlm.nih.gov/books/NBK158815/.

Bezos quote. "Quotefancy". Disponible en: https://quotefancy.com/quote/1093142/Jeff-Bezos-If-you-want-to-be-inventive-you-have-to-be-willing-to-fail.

Bluedorn A., Turban, D. y Love, M. (1999): "The Effects of Stand-Up and Sit-Down Meeting Formats on Meeting Outcomes", *Journal of Applied Psychology* 84 (1999): 277-285.

Boltgroup (2016): "You Manage Things; You Lead People", 16 de agosto de 2016. Disponible en: https://boltgroup.com/manage-things-lead-people/.

Brown, J. (IDEO): *The Power of Purpose* en IDEO University. Disponible en: https://www.ideou.com/pages/course-calendar.

Bryant, A. (2009): "Linda Hudson of BAE on Fitting In, and Rising to the Top", *The New York Times* (Corner Office), 19 de septiembre de 2009. Disponible en: https://www.nytimes.com/2009/09/20/business/20corner.html.

Campbell, D. (1960): "Blind Variation and Selective Retention in Creative Thought as in Other Knowledge Processes", *Psychological Review* 67, no.6 (1960): 380-400.

Carpenter M., Sanders, G. y Gregersen, H. (2001): "Building Human Capital: The Impact of International Assignment Experience on CEO Pay and Multinational Firm Performance", *Academy of Management Journal* 44, no. 3 (2001): 493-512.

Carringer, D.C. (1974): "Creative Thinking Abilities in Mexican Youth", *Journal of Cross-Cultural Psychology* 5 (1974): 492-504.

Catmull, E. y Wallace, A. (2014): "Creativity, Inc.: Overcoming the Unseen Forces That Stand in the Way of True Inspiration". Disponible en: https://highlights.sawyerh.com/volumes/a1351c21-deba-45a0-9ec2-6322200c1753.

Claire, M. (2014): "Shaping a School System from the Ground Up", *The New York Times*, 5 de julio de 2014. Disponible en: https://ed.stanford.edu/in-the-media/shaping-school-system-ground-quotes-sandy-speicher-gse-alumna.

Clark Scott, D. (2011): "Robert Noyce: "Why Steve Jobs idolized Noyce", *The Christian Science Monitor,* 12 de diciembre de 2011. Disponible en: https://www.csmonitor.com/Technology/2011/1212/Robert-Noyce-Why-Steve-Jobs-idolized-Noyce.

Colligan, M., Pennebaker, J. y Murphy, L. (1982): *Mass Psychogenic Illness: A Social Psychological Analysis,* Hillsdale, NJ, Erlbaum.

"Communication: Keep it Simple", Leading Blog: A Leadership Blog". Disponible en: https://www.leadershipnow.com/leadingblog/2008/10/communication_keep_it_simple.html.

"Como lograr estos 6 atributos que poseen las empresas mas innovadoras del mundo", *El Cronista,* 19 de junio de 2019 (entrevista a Gonzalo Wartjes).

Cornell University, INSEAD, and WIPO (2015): "The Global Innovation Index 2015: Effective Innovation Policies for Development", Fontainebleau, Ithaca, and Geneva.

Cross R., Rebele, R. y Grant, A. (2016): "Collaborative Overload", Harvard Business Review, enero-febrero 2016. Disponible en: https://hbr.org/2016/01/collaborative-overload.

Cross R., Baker, W. y Parker, A. (2003): "What creates energy in organizations?", *MIT Sloan Management Review*, junio de 2003.

Cummings, A. y Oldham, G. (1997): "Enhancing Creativity: Managing Work Contexts for the High Potential Employee", *California Management Review* 40 (1997): 22-38.

"David Packard´s 11 Simple Rules", HP Retiree. Disponible en: http://www.hp.com/retiree/history/founders/packard/11rules.html

del Bono, T. (2003): "La fuga de cerebros pone en riesgo el futuro", *La Nación,* Buenos Aires, 12 de noviembre de 2003. Disponible en: https://www.lanacion.com.ar/opinion/la-fuga-de-cerebros-pone-en-riesgo-el-futuro-nid544489/.

Deci E., Koestner, R. y Ryan, R. (2001): "Extrinsic Rewards and Intrinsic Motivation in Education: Reconsidered Once Again", *Review of Education Research* 71, no. 1(Spring 2001): 14.

Deutschman, A. (2002): "The once and future Steve Jobs", 11 de octubre de 2000. Disponible en: http://www.salon.com/technology/books/2000/10/11/jobs_excerpt.

"Disagree and Commit: The Importance of disagreement in decision making", Hackernoon, 17 de enero de 2019. https://hackernoon.com/disagree-and-commit-the-importance-of-disagreement-in-decision-making-b31d1b5f1bdc.

Duhigg, C. (2016): "What Google Learned From Its Quest to Build the Perfect Team", *The New York Times*, 25 de febrero de 2016. Disponible en: https://www.nytimes.com/2016/02/28/magazine/what-google-learned-from-its-quest-to-build-the-perfect-team.html.

Dunning, D., Heath, C., Suls, J. "Flawed Self-Assessment: Implications for Health, Education, and the Workplace". *Psychol Sci Public Interest.*

2004 Dec;5(3):69-106. doi: 10.1111/j.1529-1006.2004.00018.x. Epub 2004 Dec 1. PMID: 26158995.

Dunning, D. (2005): "Self-Insight: Roadblocks and Detours on the Path to Knowing Thyself". *Psychology Press*, New York. http://dx.doi.org/10.4324/9780203337998.

Dyer J., Gregersen, H. y Christensen, C. (2008): "Entrepreuners Behaviours, Opportunity Recognition, and the Origins of Innovative Ventures", *Strategic Entrepreneurship Journal Strat.* J., 2: 317–338 (2008).

Eden, D. (1984): "Self-Fulfilling Prophecy as a Management Tool: Harnessing Pygmalion,", *Academy of Management Review* 9 (1984): 64-73.

Eden, D. y Shani, A. (1982). "Pygmalion goes to boot camp: Expectancy, leadership, and trainee performance" *Journal of Applied Psychology,* *67*(2), 194–199. https://doi.org/10.1037/0021-9010.67.2.194.

Edmondson, A. C. (1999): "Psychological safety and learning behavior in work teams", *Administrative Science Quaterly*, *44*, 350-383.

Edmondson, A. C. (2004): "Learning From Mistakes Is Easier Said Than Done. Group and Organizational Influences on the Detection and Correction of Human Error", *The Journal of Applied Behavioral Science*, Vol. 40 No. 1, marzo de 2004.

Edwards, B. (2011): "The iPod: How Apple's legendary portable music player came to be", *Macworld*, 23 de octubre de 2011. Disponible en: https://www.macworld.com/article/1163181/the-birth-of-the-ipod.html.

Empson, R. (2012): "Silicon Valley, London, NYC," *TechCrunch* (2012). Disponible en: http://techcrunch.com/2012/04/10/startup-genome-compares-top-startup-hubs/.

"End of an Era: Google Executive Eric Schmidt to leave board", 1 de mayo de 2019, Brand&Leaders.com. Disponible en: https://www.brandsandleaders.com/2019/05/01/end-of-an-era-google-executive-eric-schmidt-to-leave-board/.

Eskridge, K. (2008): "They Watch Everything You Do,", *Humans at Work*, 7 de noviembre de 2008. Disponible en: http://www.humansatwork.com.

Eisenhardt, K. y Schoonhoven, C. (1990): "Organizational Growth: Linking Founding Team, Strategy, Environment, and Growth Among U.S. Semiconductor Ventures, 1978-1988", *Administrative Science Quarterly* 35 (1990): 504-529.

Farber, D. (2014): "What Steve Jobs really meant when he said 'Good artists copy; great artists steal'", *CNET*, 28 de enero de 2014. Disponible en: https://www.cnet.com/tech/tech-industry/what-steve-jobs-really-meant-when-he-said-good-artists-copy-great-artists-steal/.

Felps, W., Mitchell, T. y Byington, E. (2006): "How, When, And Why Bad Apple Spoil the Barrel: Negative Group Members and Dysfunctional Groups", *Research in Organizational Behavior*, Volume 27, 175-222 (2006).

Fildes, J. (2007): "Darwin´s letters archive on web", BBC, 16 de mayo de 2007. Disponible en: http://news.bbc.co.uk/2/hi/science/nature/6657237.stm.

Fong, C. T. (2006): "The Effects of Emotional Ambivalence on Creativity", *The Academy of Management Journal*, Vol. 49, No. 5 (octubre, 2006), pp. 1016-1030.

Gardner, N. (2006): "Emotionally ambivalent workers are more creative, innovative", University of Washington, 5 de octubre 2006. Disponible en: http://www.washington.edu/news/2006/10/05/emotionally-ambivalent-workers-are-more-creative-innovative/.

Gaskins, R. (2012): "Viewpoint: How PowerPoint changed Microsoft and my life", BBC, Julio 31, 2012. Disponible en: www.bbc.com/news/technology.

Goldenberg, J., Mazursky, D. y Solomon, S. (1999): "Creative Sparks", *Science*, 3 de septiembre de 1999, volumen 285, número 5433, pp. 1495-1496. Disponible en: https://www.science.org/doi/10.1126/science.285.5433.1495.

Gompers, P., Kovner, A., Lerner, J. y Scharfstein, D. (2006): "Skill vs. Luck in Entrepreneurship and Venture Capital: Evidence from Serial Entrepreneurs," NBER Working Papers 12592, *National Bureau of Economic Research*, Inc.

Govindarajan, V. (2010): "Innovation is not Creativity", Harvard Business Review, 2 de agosto de 2010. Disponible en: https://hbr.org/2010/08/innovation-is-not-creativity.

Grant, A. (2010): "Putting a Face to a Name: The Art of Motivating Employees", Knowledge at Wharton, University of Pennsylvania, 17 de febrero de 2010. Disponible en: https://knowledge.wharton.upenn.edu/article/putting-a-face-to-a-name-the-art-of-motivating employees/.

Grega, Al (2019): "A Brief History of the Mainframe World", Disponible en: https://community.ibm.com/community/user/ibmz-and-linuxone/blogs/destination-z1/2019/12/23/a-brief-history-of-the-mainframe.

Hansen, M. (2010): "IDEO CEO Tim Brown. T-Shaped Stars: The Backbone of IDEO's Collaborative Culture", Chief Excecutive, enero 21, 2010. Disponible en: https://chiefexecutive.net/ideo-ceo-tim-brown-t-shaped-stars-the-backbone-of-ideoaes-collaborative-culture__trashed/.

Hargadon, A. (2010): "What is innovation", 5 de diciembre, 2010. Disponible en: https://andrewhargadon.com/2010/12/05/what-is-innovation/.

Hatfield, E., Cacioppo, J. y Rapson, R. (1994): *Emotional Contagion*, Cambridge, UK: Cambridge University Press, 1994.

Helmer, J. (2012): "Harvard Grads' Startup Rewards Gym Rats, Penalizes Couch Potatoes", NBC News, May 27, 12. Disponible en: https://www.nbcnews.com/id/wbna47582216.

Hindo, B. (2007): "At 3M, A Struggle Between Efficiency And Creativity", 11 de junio de 2007. Disponible en: https://www.effectuation.org/wp-content/uploads/2016/06/3m-struggle-between-efficiency-and-creativity.pdf.

Hirsch, J. y Hsu, T. (2014): "Elon Musk opens up Tesla patents; it 'isn't entirely altruistic", *Los Angeles Times*, June 12, 2014. Disponible en:https://www.latimes.com./business/autos/.

"How Elon Musk has missed his targets on delivering affordable cars", *Reuters*, March 1, 2023. Disponible en: https://www.reuters.com/business/autos-transportation/how-elon-musk-has-missed-his-targets-delivering-affordable-cars-2023-03-01/

"How to innovate the Silicon Valley way", *Deloitte University Press*. Disponible en: https://www2.deloitte.com/content/dam/insights/us/articles/tapping-into-silicon-valley-culture-of-innovation/DUP_3274_Silicon-Valley_MASTER.pdf.

IDEO, "Designing a School System from the Ground Up". Disponible en: https://www.ideo.com/case-study/designing-a-school-system-from-the-ground-up.

Schwab, K. (2017): "Ideo Studied Innovation In 100+ Companies–Here's What It Found", *Fast Company*, 20 de marzo de 2017. Disponible en: https://www.fastcompany.com/.

IDEO-Tools: "Creative Difference: A Customized Guide to a More Innovative and Adaptive Culure". Disponible en: https://www.ideo.com/post/creative-difference.

Isen, A., Daubman, K. y Nowicki, G. (1987): "Positive Affect Facilitates Creative Problem Solving". *Journal of Personality and Social Psychology*, *52*(6), 1122–1131. https://doi.org/10.1037/0022-3514.52.6.1122.

Isen, A., Rosenzweig, A. y Young, M. (1991): "The Influence of Positive Affect on Clinical Problem Solving". *Medical Decision Making*. 1991;11(3):221-227. doi:10.1177/0272989X9101100313.

"Jeff Dyer on Innovation" (2017): Disponible en: https://www.linkedin.com/learning/jeff-dyer-on-innovation.

"Jeff Bezos explicó cómo su empresa espacial salvará a la humanidad" *Infobae*, 20 de abril de 2018.

Karbo, K. (2019): "Jane Goodall, how a woman redefined mankind", *National Geographic*, 18 de enero de 2019. Disponible en: https://www.nationalgeographic.com/culture/article/jane-goodall-book-excerpt-praise-difficult-women.

Keltner, D., Gruenfeld, D. y Anderson, C. (2003): "Power, approach, and inhibition". *Psychological Review*, *110*(2), 265–284. https://doi.org/10.1037/0033-295X.110.2.265.

Kerr, S. (1995): "On the folly of rewarding A, while hoping for B", *Academy of Management Executive*, 1995, Vol. 9, No. 1.

Kirby, J. y Stewart, T. (2007): "The Institutional Yes", Harvard Business Review, octubre de 2007. Disponible en: https://hbr.org/2007/10/the-institutional-yes.

Kirton, M. (1976). "Adaptors and innovators: A description and measure". *Journal of Applied Psychology*, *61*(5), 622–629. https://doi.org/10.1037/0021-9010.61.5.622.

Krantz, M. (2022): "13 Firms Hoard $1 Trillion In Cash (We're Looking At You Big Tech)", *Investors Business Daily*, 3 de febrero de 2022. Disponible en: https://www.investors.com/etfs-and-funds/sectors/sp500-companies-stockpile-1-trillion-cash-investors-want-it/.

Krause, M. (2004): "El renacimiento del capitalismo emprendedor", Libertad digital, 10 de agosto de 2004. Disponible en: https://www.libertaddigital.com.

Lambert, F. (2022): "Tesla still dominates US electric car market, and it´s not even closs", *Electrek*, 17 de marzo de 2022. Disponible en: https://electrek.co/2022/03/17/tesla-still-dominates-us-electric-car-market/.

"La NASA quiere fabricar oxígeno a partir de dióxido de carbono en Marte", *La Nación*, Buenos Aires, 24 de agosto de 2017. Disponible en: https://www.lanacion.com.ar/sociedad/la-nasa-quiere-fabricar-oxigeno-a-partir-de-dioxido-de-carbono-en-marte-nid2056170/.

Lashinsky, A. (2011): "How Apple Works: Inside the World's Biggest Startup", *Fortune*, 9 de mayo de 2011. Disponible en: https://fortune.com/2011/05/09/inside-apple/.

Lasorda, T. Disponible en: https://www.brainyquote.com/quotes/tommy_lasorda_139448.

Leadership Foundry, "Do You Know How to RETAIN TALENT?. Disponible en: https://www.leadershipfoundry.com/retain-talent/.

Levy, S. (2007): "Google Goes Globe-Trotting", *Newsweek*, 3 de noviembre de 2007. Disponible en: https://www.newsweek.com/google-goes-globe-trotting-96341.

Livingston, J. (1969): "Pygmalion in Management", *Harvard Business Review* 47 (1969): 81-89.

Lopez, A., Esquivel, G. y Houtz, J. (1993): "The Creative Skills of Culturally and Linguistically Diverse Gifted Students", *Creativity Research Journal* 6 (1993): 401-412.

Ma, A. (2019): "Jeff Bezos wants floating colonies in space with weather like Maui all year long-here's what he thinks they'll look like" *Business Insider*, 10 de mayo de 2019. Disponible en: https://www.businessinsider.com./.
Mark, G., Gonzalez, V. y Harris, J. (2005): "No Task Left Behind? Examining the Nature of Fragmented Work" (paper, CHI 2005, Portland, OR, abril 2-7, 2005), 113-120.

Mark, G., Gudith, D. y Klocke, U. (2008): "The Cost of Interrupted Work: More Speed and Stress", en *Proceedings of the Twenty-Sixth Annual SIGCHI Conference on Human Factors in Computing Systems* (New York: ACM, 2008), 107-110.

Martin, L.N. y Delgado, M.R. (2011): "The influence of emotion regulation on decision-making under risk". *J Cogn Neurosci*. 2011 Sep;23(9):2569-81. doi: 10.1162/jocn.2011.21618. Epub 2011 Jan 21. PMID: 21254801; PMCID: PMC3164848.

Messick, D. y Kramer, R. (2005): *The Psychology of Leadership: New Perspectives and Research*, Mahwah New Jersey, Lawrence Erlbaum Associates.

McBride, E. (2014): "Slam the Clam: Lesson From BP's Fast Growth", *Forbes*, 31 de octubre de 2014. Disponible en:

https://www.forbes.com/sites/elizabethmacbride/2014/10/31/slam-the-clam-what-you-can-take-from-a-british-petroleum-slogan/Una clase con Huggy Rao.

Mediratta, B. (2007): "The Google Way: Give Engineers Room", *New York Times*, 21 de octubre de 2007. Disponible en: https://www.nytimes.com/2007/10/21/jobs/21pre.html.

"Microsoft's Kevin Scott & Kathleen Hogan discuss Bay Area presence & careers", *The Official Microsoft Blog*, 28 de febrero de 2019. Disponible en: https://blogs.microsoft.com/bayarea/2019/02/28/microsoft-growth-conference-kevin-scott-kathleen-hogan/

"Microsoft´s Downfall: Inside the Executive E-Mails and Cannibalisti Culture that Felled a Tech Giant", *Vanity Fair*, 3 de julio de 2012. Disponible en: https://www.vanityfair.com/news.

Mintzberg, H. (1990): "The Manager´s Jobs: Folklore and Fact", Harvard Business Review, (March-April 1990). Disponible en: https://hbr.org/1990/03/the-managers-job-folklore-and-fact.

Mitsch, R. (1990): "Three Roads to Innovation", *Journal of Business Strategy*, 11, no. 5 (1990): 18-21.

Mossberg, W. y Swisher, K. (2019): "Steve Jobs and Bill Gates Face Off". Disponible en: https://www.youtube.com/watch?v=Sw8x7ASpRIY&t=1286s.

Mueller, W. (1962): "The Origins of the Basic Innovations Underlying DuPont´s Major Product and Process Innovations, 1920 to 1950", en *The Rate and Direction of Inventive Activity: Economic and Social Factors*, Princeton, National Bureau of Economics, 1962, pp. 323-358. Disponible en: https://www.nber.org/system/files/chapters/c2125/c2125.pdf.

Neighmond, P. (2014): "People Who Feel They Have A Purpose In Life Live Longer", NPR, 28 de Julio de 2014. Disponible en: https://www.npr.org/sections/healthshots/2014/07/28/334447274/people-who-feel-they-have-a-purpose-in-life-live-longer.

Nyberg, A. et al. (2009): "Managerial Leadership and Ischaemic Heart Disease Among Employees: The Swedish WOLF Study", *Occupational and Environmental Medicine* 66 (2009): 51-55.

O´Connor, G. y McDermott, C. (2004): "The Human Side of Radical Innovation", *Journal of Engineering Technology Management*, 21 (2004): 11-30.

Ortega y Gasset, J. (1983): *Obras completas* Tomo I (1902-1916), Glosas, De la crítica personal, Madrid: Revista de Occidente.

Ocean Tomo (2020): "Intangible Asset Market Value Study-Ocean Tomo". Disponible en: https://oceantomo.com/intangible-asset-market-value-study/. Updated to 2020.

Pandey, E. (2018): "How Barnes & Noble, the last big bookstore, fell to Amazon", *Axios*, 7 de octubre de 2018. Disponible en: https://www.axios.com/2018/10/04/barnes-and-noble-book-stores-sale-amazon-effect.

"Popular Play-Doh Turns 30 This Year", *Baltimore Sun*, 7 de octubre de 1985, 1B, 3B y www.yippeee.com y www.hasbro.com.

Rao H., Sutton, R. y Webb, A. (2008): "Innovation lessons from Pixar: An interview with Oscar-winning director Brad Bird", *McKinsey Quaterly*, abril de 2008. Disponible en: https://www.mckinsey.com.

Rinne, T., Steel, D. y Fairweather, J. (2012): "Hofstede and Shane Revisited: The Role of Power Distance and Individualism in National-Level Innovation Success", *Cross-Cultural Research 46 (2) 91-108*, Lincoln University, New Zeland, *SAGE Publications*.

Rinne, T., Steel, D. y Fairweather, J. (2012): "Hofstede and Shane Revisited: The Role of Power Distance and Individualism in National-Level Innovation Success", *Cross-Cultural Research 46 (2) 91-108, SAGE Publications.*

Rodgers, T.J. (2000): "Why Silicon Valley Should Not Normalize Relations With Washington D.C.", *Cato Institute*, 4 de septiembre de 2000. Disponible en: https://www.cato.org/white-paper/why-silicon-valley-should-not-normalize-relations-washington-dc.

Rodriguez M., Juan "Leonardo da Vinci: ¿un Steve Jobs renacentista?", *Economía y negocios* on line, *El Mercurio*, 3 de junio de 2018. Disponible en: http://www.economiaynegocios.cl/noticias/noticias.asp?id=474544.

Rosoff, M. (2011): "Andreessen and Horowitz Charges Employees $10 Per Minute If They´re Late To Meetings", *Business Insider*, 1 de marzo de 2011. Disponible en: https://www.businessinsider.com/andreessen-horowitz-adds-fourth-partner-2011-3.

Rosenthal, R. y Rubin, D. B. (1978): "Interpersonal Expectancy Effects: The First 345 Studies", *Behavioral and Brain Sciences 3 (1978):* 377-86.

Rosenthal, R. y Jacobson, L. (1968): *Pygmalion in the Classroom: Teacher Expectations and Pupils' Intellectual Development,* New York, Holt, Rinehart & Winston.

Rozovsky, J. (2015): "The five keys to a successful Google team", re Work, 17 de noviembre de 2015. Disponible en: https://rework.withgoogle.com/blog/five-keys-to-a-successful-google-team/.

"Ruining it for the Rest of Us", *This American Life*, episode 370, 19 de diciembre de 2008. Disponible en: https://www.thisamericanlife.org/370/ruining-it-for-the-rest-of-us.

Sahlman, W. (1997): "How to Make a Great Business Plan", Harvard Business Review (Julio-agosto 1997) p. 101. Disponible en: https://hbr.org/1997/07/how-to-write-a-great-business-plan.

Salter, C. (2008): "Marissa Mayer´s 9 Principles of Innovation", *FastCompany*, 2-19-2008. Disponible en: https://www.fastcompany.com/702926/marissa-mayers-9-principles-innovation.

Salvi, C., Bricolo, E., Kounios J., Bowden, E. y Beeman, M. "Insight solutions are correct more often than analytic solutions. Think Reason". 2016;22(4):443-460. doi: 10.1080/13546783.2016.1141798. Epub 2016 Feb 5. PMID: 27667960; PMCID: PMC5035115.

Sawyer, D. (1981): "Steve Jobs. Person of the Week", *ABC News*, 29 de enero de 1981. Disponible en: http://abcnews.go.com/WN/abcs-world-news-diane-sayer-person-week steve/story?id=9699563&page=1.

Scott, S. (1992): "Why do some societies invent more than others?", *Journal of Business Venturing* 7, 29-46.

Scott, D. A., Viguerie, P., Schwartz, E. y Van Landeghem, J. (2018): "2018 Corporate Longevity Forecast: Creative Destruction is Accelerating", *Innosight*, 6 de febrero de 2018. Disponible en: https://www.innosight.com/insight/creative-destruction.

"Seis atributos innovadores que debe tener una organización para no desaparecer", *Infobae*, 25 de junio de 2019. Disponible en:https//www.infobae.com/tendencias/talent-y-liderazgo.

Sellers, P. (2004): "P&G: Teaching An Old Dog New Tricks CEO A.G. Lafley has kicked up the good ideas at the stodgy Midwestern giant-and the company's growth too. Here's an inside look at how he's doing it." *CNN Money*, 31 de mayo de 2004. Disponible en:

https://money.cnn.com/magazines/fortune/fortune_archive/2004/05/31/370714/index.htm.

Sharkey, J. (2010): "Reinventing the Suitcase by Adding the Wheel", *The New York Times*, 4 de octubre de 2010. Disponible en: https://www.nytimes.com/2010/10/05/business/05road.html.

Silicon Valley Chamber of Commerce. Disponible en: https://www.svcentralchamber.com/we-are-silicon-valley/.

"Silicon Valley 2022 Index". Disponible en: https://jointventure.org/images/stories/pdf/index2022.pdf. p.47.

Simonton, D. K. (1995). "Foresight in insight? A Darwinian answer". In R. J. Sternberg & J. E. Davidson (Eds.), *The nature of insight* (pp. 465–494). The MIT Press.

Sinek, S. "How Great Leaders Inspire Action". Disponible en: https://www.ted.com/talks/simon_sinek_how_great_leaders_inspire_action?language=en

Snell, J. (2011): "Steve Jobs: Making a dent in the universe", *Macworld*, 6 de octubre de 2011. Disponible en: https://www.macworld.com/article/214642/steve-jobs-making-a-dent-in-the-universe.html.

Statista. Disponible en: https://www.statista.com/statistics/277501/venture-capital-amount-invested-in-the-united-states-since-1995/.

Stanford Nobel Laureates. Disponible en: https://news.stanford.edu/nobel/#:~:text=Stanford%20University%20is%20home%20to%2020%20living%20Nobel%20laureates.

"Stanford Facts 2015". Disponible en: http://facts.stanford.edu/pdf/StanfordFacts_2015.pdf).

"Steve Jobs talks about managing people". Entrevista por Mossberg W. y Swisher, K. Disponible en: https://www.youtube.com/watch?v=f60dheI4ARg.

Steve, Jobs: discurso en Stanford el 12 de junio de 2005. Disponible en: https://news.stanford.edu/2005/06/14/jobs-061505/.

Stevens, G. y Burley, J. (1997): "3000 Raw Ideas=1 Commercialized Success!", *Research Technology Management,* Vol. 40, No. 3 (May-June 1997), pp. 16-27. Published By: Taylor & Francis, Ltd.

Sutton, R. (2010): "It´s Up to You to Start a Good Fight", Harvard Business Review, 3 de agosto de 2010. Disponible en: https://hbr.org/2010/08/its-up-to-you-to-start-a-good.

Sutton, R. "Some Bosses Live in a Fool´s Paradise", Harvard Business Review, 3 de junio de 2010. Disponible en: https://hbr.org/2010/06/some-bosses-live-in-a-fools-pa.

Sutton, R. "Fight Like You're Right, Listen Like You're Wrong and Other Keys to Great Management", *First Round Review,* Management. Disponible en: https://firstround.com/review/Fight-Like-Youre-Right-Listen-Like-Youre-Wrong-and-Other-Keys-to-Great-Management/.

Sutton, R. (2014): "Why Big Teams Suck: Seven (Plus or Minus Two) is the Magical Number Once Again". Disponible en: https://bobsutton.typepad.com/my_weblog/2014/03/why-big-teams-suck-seven-plus-or-minus-two-is-the-magical-number-once-again.html.

Sutton, R. (2010): "The Delicate Art of Being Perfectly Assertive", Harvard Business Review, 28 de junio de 2010. Disponible en: https://hbr.org/2010/06/the-delicate-art-of-being-perf.

Sutton, R. (2010): "Managing yourself: the Boss as a Human Shield", Harvard Business Review, septiembre de 2010. Disponible en: https://hbr.org/2010/09/managing-yourself-the-boss-as-human-shield.

Sutton, R. (2011): "Pixar Lore: The Day Our Bosses Saved Our Jobs", Harvard Business Review, 10 de enero de 2011. Disponible en: https://hbr.org/2011/01/pixar-lore-the-day-our-bosses.

Sutton, R. (2012): "Dysfunctional Internal Competition at Microsoft: we've seen the enemy, and it is us!", 6 de Julio de 2012. Disponible en: https://bobsutton.typepad.com/my_weblog/2012/07/dysfunctional -internal-competition-at-microsoft-weve-seen-the-enemy-and-it-is-us.html.

Sydell, L. (2011): "Apple Visionary Steve Jobs Dies at 56", 5 de octubre de 2011. Disponible en: https://www.npr.org/2011/10/05/123826622/apple-visionary-steve-jobs-dies-at-56.

Tang, S. y Aycan, D. "How to Set the Conditions for Innovation", IDEO, 6 de julio de 2018. Disponible en: https://www.ideo.com/search?q=Creative%20Difference.

Taylor, M. Z. y Wilson, S. (2010): "Does culture still matter?: The effects of individualism on national innovation rates", *Journal of Business Venturing* 27 (2012), 234-247.

Tett, G. (2015): "Why the silo effect makes us stupid", *Financial Review*, 28 de agosto de 2015. Disponible en: https://www.afr.com/life-and-luxury/arts-and-culture/the--big-walkman-switchoff-how-silos-stifle-progress-in-the-digital-age-20150824-gj64kk.

"This is the Way Google & IDEO Foster Creativity". IDEO University. Disponible en: https://www.ideou.com/blogs/inspiration/how-google-fosters-creativity-innovation.

"The Slow Death of Design", 16-11-2023, Design Shangai: Stories, Disponible en: https://design.shangai/stories.

Tiger, L. (1970): "Dominance in Human Societies", *Annual Review of Ecology and Systematics* Vo. 1 (1970): 298.

"Triumph of the Nerds 1995". Disponible en: https://allaboutstevejobs.com/videos/misc/triumph_of_the_nerds_interview_1995.

Tucker, A. L. y Edmondson, A.C. (2003): "Why hospitals don´t learn from failures: Organizational and psychological dynamics that inhibit system change", *California Management Review*, 45, 55-72.

Usborne, D. (2012): "The moment it all went wrong for Kodak", *The Independent*, 20 de enero de 2012. Disponible en: https://www.independet.co.uk/news/business/analysis-and-features.

Wadhwa, V. et al. (2012): "Then and Now: America's New Immigrant Entrepreneurs, Part VII", Ewing Marion Kauffman Foundation Research Paper. Stanford Public Law Working Paper No. 2159875. Rock Center for Corporate Governance at Stanford University Working Paper No. 127 Oct 2012. Disponible en: https://www.kauffman.org/.

Vohs, K., Baumeister, R., Bratslavsky, E. y Finkenauer, C. (2001): "Bad is Stronger Than Good", *Review of General Psychology*, 2001, Vol. 5, No. 4, 323-370.

Vohs, K., Mead, N. y Goode, M. (2006): "The Psychological Consequences of Money", *Science*, Vol. 314, No. 5802, (17 de noviembre de 2006), pp. 1154-1156.

Weber, R. et al. (2001): "The Illusion of Leadership: Misattribution of Cause in Coordination Games", *Organization Science* 12, (2001): 582-598.

Weick, K. E. (1984): "Small Wins: Redefining the Scale of Social Problems", *American Psychologist* 39 (1984): 40-49.

Weintraub, S. (2013): "IDEO founder David Kelley talks design, Steve Jobs, cancer, and the importance of empathy", *9to5Mac*, 6 de enero de 2013. Disponible en: https://9to5mac.com/2013/01/06/ideo-founder-david-kelley-talks-design-steve-jobs-cancer-and-the-importance-of-empathy/.

"Why Americans Should Embrace Immigration". Disponible en: https://citizenpath.com/immigrantcontributions/#:~:text=Immigrant%20founders%20started%2052%20percent,impact%20of%20the%20recognizable%20brands.

Williams, J. (1990): "The Rise of Silicon Valley", Invention & Technology, Spring/Summer 1990. Disponible en: https://www.academia.edu/438975.

Wolf, G. (1996): "Steve Jobs: The Next Insanely Great Thing", *Wired*, 1 de febrero de 1996. Disponible en: https://www.wired.com/1996/02/jobs-2/.

"Wondered why toothbrushes for kids are really fat?" NTRPD, *Medium*, Disponible en: https://medium.com/@NTRPD/wondered-why-toothbrushes-for-kids-arereally-fat-6a586fe12db.

Woolley, A. et al. (2010): "Evidence for a Collective Intelligence Factor in the Performance of Human Groups", *Science*, 30 Sep de 2010, Vol 330, Issue 6004, pp. 686-688. DOI: 10.1126/science.1193147. Disponible en: https://www.science.org/doi/10.1126/science.1193147.

Yang, A. (2007): "Waiter, I'm at Your Mercy", *The New York Times*, 22 de julio de 2007. Disponible en: https://www.nytimes.com/2007/07/22/travel/22surfacing.html.

Yamashita, K. (IDEO): *From Superpowers to Great Teams* en IDEO University. Disponible en: https://www.ideou.com/products/leading-for-creativity.

Zenger, J., Folkman, J. y Edinger, S. (2009): "How Extraordinary Leaders Double Profits", *Chief Learning Officer*, julio de 2009.

Ziegler, M. (2021): "7 Famous Quotes You Definitely Didn't Know Were From Women", *Forbes*, 1 de septiembre de 2014. Disponible en: https://www.forbes.com/sites/maseenaziegler/2014/09/01/how-we-all-got-it-wrong-women-were-behind-these-7-famously-inspiring-quotes/.

"8 Steve Jobs Quotes Every Entrepreneur Should Live By", 6 de mayo de 2005. Disponible en: https://www.businessnewsdaily.com/7962-steve-jobs-quotes.html.

"201 Amazing Steve Jobs Quotes (That Will Motivate You)". Disponible en: http://wisdomquotes.com/steve-jobs-quotes/.

NOTAS

---

1 "You Manage Things; You Lead People", *Boltgroup*, 16 de agosto de 2016. Disponible en: https://boltgroup.com/manage-things-lead-people/.

2 Cornell University, INSEAD, and WIPO (2015): "The Global Innovation Index 2015: Effective Innovation Policies for Development", Fontainebleau, Ithaca, and Geneva, p. 41. "A Brief History of the Mainframe World", Al Grega. Disponible en: https://community.ibm.com/community/user/ibmz-and-linuxone/blogs/destination-z1/2019/12/23/a-brief-history-of-the-mainframe.

3 Oppenheimer, A. (2014): *¡Crear o Morir!,* Buenos Aires, Sudamericana, p. 60.

4 Christensen, C. (1997): *The Innovator`s Dilemma: When New Technologies Cause Great Firms to Fail,* Boston, Harvard Business School Press, p. 109.

5 Isaacson, W. (2014): *Los innovadores*, Buenos Aires, Debate, p. 174.

6 Christensen, C. (1997): *The Innovator`s Dilemma…*ob. cit., p. xv.

7 Isaacson, W. (2014) *Los innovadores…*ob. cit., p. 277.

8 Williams, J. (1990): "The Rise of Silicon Valley", Invention & Technology, Spring/Summer 1990. Disponible en: https://www.academia.edu/438975.

9 Isaacson, W. (2014): *Los innovadores…*ob. cit., p. 218.

10 Ibidem, p. 217.

11 Ibidem, p. 217.

12 Ibidem, p. 523.

13 Clark Scott, D. (2011): "Robert Noyce: "Why Steve Jobs idolized Noyce", *The Christian Science Monitor,* 12 de diciembre de 2011. Disponible en: https://www.csmonitor.com/Technology/2011/1212/Robert-Noyce-Why-Steve-Jobs-idolized-Noyce.

14 Mossberg, W. y Swisher, K. "Steve Jobs talks about managing people". Disponible en: https://www.youtube.com/watch?v=f60dheI4ARg.

15 Berlin, L. (2006): *The Man behind the Microchip: Robert Noyce and the Invention of Silicon Valley,* New York, Oxford University Press, p. 207.

16 Byers T., Dorf, R. y Nelson, A. (2015): *Technology Ventures: From Idea To Enterprise,* New York, McGraw Hill, p. 262. Bartlett, C. y Ghoshal, S. (2002): "Building Competitive Advange through People". *MIT Sloan Management Review* (Winter), pp. 34-41.

17 Rodgers, T.J. (2000): "Why Silicon Valley Should Not Normalize Relations With Washington D.C.", *Cato Institute,* 4 de septiembre de 2000. p. 2. Disponible en: https://www.cato.org/white-paper/why-silicon-valley-should-not-normalize-relations-washington-dc.

18 Silicon Valley Chamber of Commerce. Disponible en: https://www.svcentralchamber.com/we-are-silicon-valley/.

19 "How to innovate the Silicon Valley way", *Deloitte University Press.* Disponible en: https://www2.deloitte.com/content/dam/insights/us/articles/tapping-into-silicon-valley-culture-of-innovation/DUP_3274_Silicon-Valley_MASTER.pdf.

20 "Why Americans Should Embrace Immigration". Disponible en: https://citizenpath.com/immigrant-contributions/#:~:text=Immigrant%20founders%20started%2052%20percent,impact%20of%20the%20recognizable%20brands. Vivek Wadhwa et al. (2012): "Then and Now: America's New Immigrant Entrepreneurs, Part VII", Ewing Marion Kauffman Foundation Research Paper. Stanford Public Law Working Paper No. 2159875. Rock Center for Corporate Governance at Stanford University Working Paper No. 127 Oct 2012.

21 "Best Practices in State and Regional Innovation Initiatives: Competing in the 21st Century", V. Annex AStanford and Silicon Valley, National Academy of Sciences, 2013. Disponible en: https://www.ncbi.nlm.nih.gov/books/NBK158815/. Stanford Nobel Laureates. Disponible en: https://news.stanford.edu/nobel/#:~:text=Stanford%20University%20is%20home%20to%2020%20living%20Nobel%20laureates.

22 Ibidem.

23 "Stanford Facts 2015". Disponible en: http://facts.stanford.edu/pdf/StanfordFacts_2015.pdf), pp. 1-46.

24 "Index of Silicon Valley 2022". Disponible en: https://jointventure.org/images/stories/pdf/index2022.pdf. p.47.

25 Rodriguez M., Juan (2018): "Leonardo da Vinci: ¿un Steve Jobs renacentista?", *Economía y negocios* on line, *El Mercurio*, 3 de junio de 2018. Disponible en: http://www.economiaynegocios.cl/noticias/noticias.asp?id=474544.

26 "Index of Silicon Valley 2022". Disponible en: https://jointventure.org/images/stories/pdf/index2022.pdf. p.47.

27 "Silicon Valley, London, NYC," *TechCrunch* (2012). Disponible en: http://techcrunch.com/2012/04/10/startup-genome-compares-top-startup-hubs/.

[28] "Index of Silicon Valley 2022". Disponible en: https://jointventure.org/images/stories/pdf/index2022.pdf. p.47.

[29] Alaban, L. (2021): "San Jose Legends: John Sobrato's generosity is everywhere", *San José Spotlight,* 27 de junio de 2021. Disponible en: https://sanjosespotlight.com/san-jose-legends-john-sobratos-generosity-is-everywhere/.

[30] Ziegler, M. (2021): "7 Famous Quotes You Definitely Didn't Know Were From Women", *Forbes*, 1 de septiembre de 2014. Disponible en: https://www.forbes.com/sites/maseenaziegler/2014/09/01/how-we-all-got-it-wrong-women-were-behind-these-7-famously-inspiring-quotes/.

[31] Frase de una conversación entre un amigo mío y Bill Gates (en un "elevator pitch").

[32] Usborne, D. (2012): "The moment it all went wrong for Kodak", *The Independent*, 20 de enero de 2012. Disponible en: https://www.independet.co.uk/news/business/analysis-and-features.

[33] Govindarajan, V. (2010): "Innovation is not Creativity", Harvard Business Review, 2 de agosto de 2010. Disponible en: https://hbr.org/2010/08/innovation-is-not-creativity.

[34] Byers T., Dorf, R. y Nelson A. (2015): *Technology Ventures: From Idea To Enterprise*, ob. cit. p. 465.

[35] "8 Steve Jobs Quotes Every Entrepreneur Should Live By", 6 de mayo de 2005. Disponible en: https://www.businessnewsdaily.com/7962-steve-jobs-quotes.html.

[36] "Arthur Rock, MBA 1951", Harvard Business Review. Disponible en: https://entrepreneurship.hbs.edu/founders/Pages/profile.aspx?num=24. Sahlman, W. (1997): "How to Make a Great Business Plan", Harvard

Business Review (Julio-agosto 1997) p. 101. Disponible en: https://hbr.org/1997/07/how-to-write-a-great-business-plan.

37 Hargadon, A. (2010): "What is innovation", 5 de diciembre, 2010. Disponible en: https://andrewhargadon.com/2010/12/05/what-is-innovation/.

38 Sharkey, J. (2010): "Reinventing the Suitcase by Adding the Wheel", *The New York Times*, 4 de octubre de 2010. Disponible en: https://www.nytimes.com/2010/10/05/business/05road.html.

39 Sala-i-Martin, X. (2016): *Economía en colores*, Barcelona, Penguin Random House, p. 54.

40 "Popular Play-Doh Turns 30 This Year", *Baltimore Sun*, 7 de octubre de 1985, 1B, 3B y www.yippeee.com y www.hasbro.com. Sutton, R. (2002): *Weird Ideas That Work*, New York, Free Press. Chapter 2, pp. 26-27.

41 Sutton, R. (2002): *Weird Ideas That Work*, ob. cit., p. 25.

42 Hargadon, A. (2003): *How Breakthroughs Happen: The Surprising Truth About How Companies Innovate*, Boston, Harvard Business School Press, p. 137.

43 Reid, R. (1997): *Architects of the Web: 1,000 Days that Built the Future of Business*, New York, Wiley, p. 113.

44 Segaller, S. (1998): *Nerds 2.0.1.: A Brief History of the Internet*, New York, TV Books.

45 Hargadon, A. (2003): *How Breakthroughs Happen: The Surprising Truth About How Companies Innovate*…ob. cit., p. 33. Ceruzzi. P. (2012): *A History of Modern Computing*, Cambridge, MIT Press, p. 234.

46 Isaacson, W. (2014): *Los innovadores*…ob. cit. pp. 402-403.

[47] Farber, D. (2014): "What Steve Jobs really meant when he said 'Good artists copy; great artists steal'", *CNET*, 28 de enero de 2014. Disponible en: https://www.cnet.com/tech/tech-industry/what-steve-jobs-really-meant-when-he-said-good-artists-copy-great-artists-steal/.

[48] Hargadon, A. (2003): *How Breakthroughs Happen: The Surprising Truth About How Companies Innovate*…ob. cit., p. 43. Hounshell, D. (1984): *From the American System to Mass Production, 1800-1932: The Development of Manufacturing Technology in the United States*, Baltimore, Johns Hopkins University Press, p.241.

[49] Hargadon, A. (2003): *How Breakthroughs Happen: The Surprising Truth About How Companies Innovate*…ob. cit., p. 121.

[50] Ibidem, p. 76.

[51] Ibidem, p. 36.

[52] Gordon, J. S. (2001): *The Business of America: Tales from the Marketplace-American Enterprise from the Settling of New England to the Breakup of AT&T*, New York, Walker & Company.

[53] Rabinow, P. (1996): *Making PCR: A Story of Biotechnology*, Chicago, University of Chicago Press, pp. 6-7.

[54] Simonton, D. K. (1995). "Foresight in insight? A Darwinian answer". In R. J. Sternberg & J. E. Davidson (Eds.), *The nature of insight* (pp. 465–494). The MIT Press, p. 468.

[55] Johansson, F. (2004): *The Medici Effect*, Boston, Harvard Business School Publishing, p. 101.

[56] Sydell, L. (2011): "Apple Visionary Steve Jobs Dies at 56", 5 de octubre de 2011. Disponible en: https://www.npr.org/2011/10/05/123826622/apple-visionary-steve-jobs-dies-at-56.

57 Gallo, C. (2011): *The Innovation Secrets of Steve Jobs*, New York, McGraw-Hill.

58 Johansson, F. (2004): *The Medici Effect*...ob. cit., pp. 26-27.

59 Ibidem, p. 77.

60 Ibidem, pp. 23-24.

61 Johansson, F. (2004): *The Medici Effect*...ob. cit., p. 47. En base a las investigaciones de Campbell, D., "Blind Variation and Selective Retention in Creative Thought as in Other Knowledge Processes", *Psychological Review* 67, no.6 (1960): 380-400. Simonton, D. K. (1999): *Origins of Genius*, New York, Oxford University Press. Lopez, A.J., Esquivel, G. B. y Houtz, J.C., "The Creative Skills of Culturally and Linguistically Diverse Gifted Students", *Creativity Research Journal* 6 (1993): 401-412. Carringer, D.C. "Creative Thinking Abilities in Mexican Youth", *Journal of Cross-Cultural Psychology* 5 (1974): 492-504.

62 Isaacson, W. (2014): *Los innovadores*...ob. cit., pp. 523-524.

63 Mass, P. (1999): *The Terrible Hours: The Man Behind the Greatest Submarine Rescue in History*, New York, HarperCollins, p. 65. Sutton, R. (2002): *Weird Ideas That Work*...ob. cit., p. 116.

64 Yang, A. (2007): "Waiter, I'm at Your Mercy", *The New York Times*, 22 de julio de 2007. Disponible en: https://www.nytimes.com/2007/07/22/travel/22surfacing.html.

65 Helmer, J. (2012): "Harvard Grads' Startup Rewards Gym Rats, Penalizes Couch Potatoes", NBC News, May 27, 12. Disponible en: https://www.nbcnews.com/id/wbna47582216.

66 Sutton, R. (2002): *Weird Ideas That Work*...ob. cit., p. 7.

67 Ibidem, p. 5.

---

[68] Ibidem, p. 10.

[69] Stevens, G. y Burley, J. (1997): "3000 Raw Ideas=1 Commercialized Success!", *Research Technology Management*, Vol. 40, No. 3 (May-June 1997), pp. 16-27. Published By: Taylor & Francis, Ltd.

[70] Wentz, R. C. (2012): *The Innovation Machine*, Alemania, Amazon, p.141.

[71] Hindo, B. (2007): "At 3M, A Struggle Between Efficiency And Creativity", 11 de junio de 2007. Disponible en: https://www.effectuation.org/wp-content/uploads/2016/06/3m-struggle-between-efficiency-and-creativity.pdf. Dyer J., Gregersen, H. y Christensen, C. (2011): *The Innovator's DNA: Mastering the Five Skills of Disruptive Innovators*, Boston, Harvard Business Review Press, p. 139.

[72] Johansson, F. (2004): *The Medici Effect…*ob. cit., p. 91.

[73] Michalko, M. (2001): *Craking Creativity*, Berkeley, Ten Speed Press.

[74] Simonton, D. K. (1999): *Origins of Genius: Darwinian Perpectives on Creativity…*ob. cit.

[75] Sawyer, D. (1981): "Steve Jobs. Person of the Week", ABC News, 29 de enero de 1981. Disponible en: http://abcnews.go.com/WN/abcs-world-news-diane-sayer-person-week steve/story?id=9699563&page=1.

[76] Gompers, P. et al. (2006): "Skill vs. Luck in Entrepreneurship and Venture Capital: Evidence from Serial Entrepreneurs," NBER Working Papers 12592, National Bureau of Economic Research, Inc.

[77] Tellis, G. (2013): *Unrelenting Innovation, How to Build a Culture for Market Dominance*, San Francisco, Wiley & Sons, p. 144. O´Connor, G. y McDermott, C. "The Human Side of Radical Innovation", *Journal of Engineering Technology Management*, 21 (2004): 11-30.

[78] Bachrach, E. (2012): *AgilMente*, Buenos Aires, Sudamericana.

[79] Amabile, T., Hadley, C. y Kramer, S. (2002): "Creativity Under the Gun", Harvard Business Review, August 2002. Disponible en: https://hbr.org/2002/08/creativity-under-the-gun.

[80] Johansson, F. (2004): *The Medici Effect*...ob. cit., pp. 184-185.

[81] Bachrach, E. (2012): *AgilMente*...ob. cit., p. 134. Salvi, C., Bricolo E., Kounios J., Bowden, E. y Beeman, M. (2016): "Insight solutions are correct more often than analytic solutions. Think Reason". 2016;22(4):443-460. doi: 10.1080/13546783.2016.1141798. Epub 2016 Feb 5. PMID: 27667960; PMCID: PMC5035115.

[82] Hargadon, A. (2003): *How Breakthroughs Happen: The Surprising Truth About How Companies Innovate*...ob. cit., p. 78.

[83] Ibidem, p. 51.

[84] "La NASA quiere fabricar oxígeno a partir de dióxido de carbono en Marte", *La Nación*, Buenos Aires, 24 de agosto de 2017. Disponible en: https://www.lanacion.com.ar/sociedad/la-nasa-quiere-fabricar-oxigeno-a-partir-de-dioxido-de-carbono-en-marte-nid2056170/.

[85] Dyer, J., Gregersen, H. y Christensen, C. (2011): *The Innovator's DNA: Mastering the Five Skills of Disruptive Innovators*...ob. cit., p. 136.

[86] Byers, T., Dorf, R. y Nelson, A. (2015): *Technology Ventures: From Idea To Enterprise*...ob. cit. p. 409.

[87] Krause, M. (2004): "El renacimiento del capitalismo emprendedor", Libertad digital, 10 de agosto de 2004. Disponible en: https://www.libertaddigital.com.

[88] Rogers, S. (2002): *The Entrepreneur's Guide to Finance and Business.* McGraw Hill, p. 42.

---

[89] Byers, T., Dorf, R. y Nelson, A. (2011): *Technology Ventures: From Idea To Enterprise…*ob. cit. p. 8.

[90] Ibidem, p. 13.

[91] Ibidem, p. 246.

[92] "Intangible Asset Market Value Study-Ocean Tomo". Disponible en: https://oceantomo.com/intangible-asset-market-value-study/. Updated to 2020. Byers, T., Dorf, R. y Nelson, A. (2015): *Technology Ventures: From Idea To Enterprise …*ob. cit., p. 280.

[93] Byers, T., Dorf, R. y Nelson, A. (2015): *Technology Ventures: From Idea To Enterprise…*ob. cit., p. 18.

[94] Gupta, P. (2007): *Business Innovation in the 21 Century,* South Carolina, BookSurge, LLC, An Amazon Company, pp. 34-35.

[95] del Bono, T. (2003): "La fuga de cerebros pone en riesgo el futuro", *La Nación,* Buenos Aires, 12 de noviembre de 2003. Disponible en: https://www.lanacion.com.ar/opinion/la-fuga-de-cerebros-pone-en-riesgo-el-futuro-nid544489/.

[96] Isaacson, W. (2014): *Los innovadores…*ob. cit. p. 344.

[97] Tellis, G. (2013): *Unrelenting Innovation, How to Build a Culture for Market Dominance…*ob. cit., pp.92-98.

[98] Byers, T., Dorf, R. y Nelson, A. (2015): *Technology Ventures: From Idea To Enterprise…*ob. cit., p. 403-410.

[99] Ibidem, p. 13.

[100] Souza, C. (2014): "More money, more problems: Open English, CEO Andrés Moreno Talks Funding", *Tech Cocktail Miami,* mayo 5 de 2014. Disponible en: en http://tech.co/andres-moreno-funding-2014-2015.

[101] Statista. Disponible en: https://www.statista.com/statistics/277501/venture-capital-amount-invested-in-the-united-states-since-1995/.

[102] Dyer J., Gregersen, H. y Christensen, C. (2008): "Entrepreuners Behaviours, Opportunity Recognition, and the Origins of Innovative Ventures", *Strategic Entrepreneurship Journal Strat.* J., 2: 317–338 (2008).

[103] Wolf, G. (1996): "Steve Jobs: The Next Insanely Great Thing", *Wired*, 1 de febrero de 1996. Disponible en: https://www.wired.com/1996/02/jobs-2/.

[104] Dyer, J., Gregersen, H. y Christensen, C. (2011): *The Innovator's DNA: Mastering the Five Skills of Disruptive Innovators*…ob. cit., p. 54.

[105] Ibidem, p. 3.

[106] Ibidem, p. 25.

[107] Dyer, J., Gregersen, H. y Christensen, C. (2008): "Entrepreuners Behaviours, Opportunity Recognition, and the Origins of Innovative Ventures", *Strategic Entrepreneurship Journal* J., 2: 317–338 (2008).

[108] Spitzer, Q. y Evans, R. (1997): *Heads, You Win! How the Best Companies Think*, New York, Simon and Schuster, p. 41

[109] Gallo, C. (2011): *The Innovation Secrets of Steve Jobs*, New York, McGraw-Hill, p. 96.

[110] Dyer, J., Gregersen, H. y Christensen, C. (2011): *The Innovator's DNA: Mastering the Five Skills of Disruptive Innovators*…ob. cit., p. 90.

[111] Ibidem, p. 42.

[112] Ortega y Gasset, J. (1983): *Obras completas* Tomo I (1902-1916), Glosas, De la crítica personal, Madrid: Revista de Occidente, p. 15.

[113] "This is the Way Google & IDEO Foster Creativity". IDEO University. Disponible en: https://www.ideou.com/blogs/inspiration/how-google-fosters-creativity-innovation.

[114] Dyer, J., Gregersen, H. y Christensen, C. (2011): *The Innovator's DNA: Mastering the Five Skills of Disruptive Innovators*…ob. cit., p. 74.

[115] Shultz, H. y Yang, D. (1997): *Pour Your Heart Into It: How Starbucks Built a Company One Cup at a Time*, New York, Hyperion, pp. 51-52.

[116] Dyer, J., Gregersen, H. y Christensen, C. (2011): *The Innovator's DNA: Mastering the Five Skills of Disruptive Innovators*…ob. cit., p. 142. Carpenter M., Sanders G. y Gregersen, H. "Building Human Capital: The Impact of International Assignment Experience on CEO Pay and Multinational Firm Performance", *Academy of Management Journal* 44, no. 3 (2001): 493-512.

[117] Dyer, J., Gregersen, H. y Christensen, C. (2011): *The Innovator's DNA: Mastering the Five Skills of Disruptive Innovators*…ob. cit., p. 134.

[118] Ibidem, p. 95.

[119] Kelley, T. (2005): *The Art of Innovation*, New York, Doubleday, p. 16.

[120] Dyer, J., Gregersen, H. y Christensen, C. (2011): *The Innovator's DNA: Mastering the Five Skills of Disruptive Innovators*…ob. cit., p. 100. También en "Wondered why toothbrushes for kids are really fat?" NTRPD, *Medium*, Disponible en: https://medium.com/@NTRPD/wondered-why-toothbrushes-for-kids-arereally-fat-6a586fe12db.

[121] Dyer, J., Gregersen, H. y Christensen, C. (2011): *The Innovator's DNA: Mastering the Five Skills of Disruptive Innovators*…ob. cit., p. 136. Sobre el proceso de trabajar hacia atrás (*working backwards*): "Jeff Dyer on Innovation". Disponible en: https://www.linkedin.com/learning/jeff-dyer-on-innovation.

122 Dyer, J., Gregersen, H. y Christensen, C. (2011): *The Innovator's DNA: Mastering the Five Skills of Disruptive Innovators*…ob. cit., p. 135.

123 "Jeff Bezos explicó cómo su empresa espacial salvará a la humanidad" *Infobae*, 20 de abril de 2018. "Jeff Bezos wants floating colonies in space with weather like Maui all year long-here's what he thinks they'll look like" *Business Insider*, 10 de mayo de 2019.

124 Dyer, J., Gregersen, H. y Christensen, C. (2011): *The Innovator's DNA: Mastering the Five Skills of Disruptive Innovators*…ob. cit., p. 136.
125 Ibidem, p. 144.

126 "Jeff Dyer on Innovation" (2017): Disponible en: https://www.linkedin.com/learning/jeff-dyer-on-innovation.

127 Dyer, J., Gregersen, H. y Christensen, C. (2011): *The Innovator's DNA: Mastering the Five Skills of Disruptive Innovators*…ob. cit., p. 24.

128 Ibidem, p. 116.

129 Ibidem, p. 116.

130 Ibidem, pp. 205-206.

131 Mueller, W. (1962): "The Origins of the Basic Innovations Underlying DuPont´s Major Product and Process Innovations, 1920 to 1950", en *The Rate and Direction of Inventive Activity: Economic and Social Factors*, Princeton, National Bureau of Economics, 1962, pp. 323-358. Disponible en: https://www.nber.org/system/files/chapters/c2125/c2125.pdf.

132 Wentz, R.C. (2012): *The Innovation Machine*…ob. cit., p.312.

133 Kelley, T. y Kelley, D. (2013): *Creative Confidence*, New York, Random House, p. 3.

---

[134] Dyer, J., Gregersen, H. y Christensen, C. (2011): *The Innovator's DNA: Mastering the Five Skills of Disruptive Innovators*...ob. cit., p. 80. Deutschman, A., "The once and future Steve Jobs", 11 de octubre de 2000. Disponible en: http://www.salon.com/technology/books/2000/10/11/jobs_excerpt.

[135] Dyer, J., Gregersen, H. y Christensen, C. (2011): *The Innovator's DNA: Mastering the Five Skills of Disruptive Innovators*...ob. cit., p. 78.

[136] Goldenberg, J., Mazursky, D. y Solomon, S. (1999): "Creative Sparks", *Science*, 3 de septiembre de 1999, volumen 285, número 5433, pp. 1495-1496. Disponible en: https://www.science.org/doi/10.1126/science.285.5433.1495

[137] Dyer, J., Gregersen, H. y Christensen, C. (2008): "Entrepreuners Behaviours, Opportunity Recognition, and the Origins of Innovative Ventures", *Strategic Entrepreneurship Journal* J., 2: 317–338 (2008).

[138] Dyer, J., Gregersen, H. y Christensen, C. (2011): *The Innovator's DNA: Mastering the Five Skills of Disruptive Innovators*...ob. cit., pp. 195-196.

[139] Levy, S. (2007): "Google Goes Globe-Trotting", *Newsweek*, 3 de noviembre de 2007. Disponible en: https://www.newsweek.com/google-goes-globe-trotting-96341

[140] Gallo, C. (2011): *The Innovation Secrets of Steve Jobs*, New York, McGraw-Hill.

[141] Levy, S. (2007): *The Perfect Thing: How the iPod Shuffles Commerce, Culture, and Coolness*, New York, Simon & Schuster, p. 118.

[142] Dyer, J., Gregersen, H. y Christensen, C. (2011): *The Innovator's DNA: Mastering the Five Skills of Disruptive Innovators*...ob. cit., p. 218.

[143] Ibidem, p. 165-166.

144 Answers.com, "Jeff Bezos", mayo de 2003. Disponible en: http://www.answers.com/topic/jeff bezos.

145 Mitsch, R. (1990): "Three Roads to Innovation", *Journal of Business Strategy*, 11, no. 5 (1990): 18-21.

146 *A Century of Innovation, The 3M Story*, International Standard Book, 2002, p. 224. Disponible en: http://multimedia.3m.com.

147 Pink, D. (2009): *Drive, The Surprising Truth About What Motivates Us*, New York, Riverhead Book, p. 94.

148 Ibidem, p. 94.

149 Dyer, J., Gregersen, H. y Christensen, C. (2011): *The Innovator's DNA: Mastering the Five Skills of Disruptive Innovators*…ob. cit., p. 222.

150 Sigafoos, R. (1983): *Absolutely, Positively Overnight!*, Memphis, St. Luke´s Press, p. 34.

151 Ibídem.

152 Duckworth, A. (2016): *Grit, The Power of Passion and Perseverance*, New York, Simon & Schuster, p. 9.

153 "Jeff Dyer on Innovation" (2017): Disponible en: https://www.linkedin.com/learning/jeff-dyer-on-innovation.

154 Lasorda, T. Disponible en: https://www.brainyquote.com/quotes/tommy_lasorda_139448.

155 Sutton, R. (2010): *Good Boss, Bad Boss*, New York, Business Plus, p 38.

156 Sutton, R. (2010): "The Delicate Art of Being Perfectly Assertive", Harvard Business Review, 28 de junio de 2010. Disponible en: https://hbr.org/2010/06/the-delicate-art-of-being-perf.

157 Cummings, A. y Oldham, G. (1997): "Enhancing Creativity: Managing Work Contexts for the High Potential Employee", *California Management Review* 40 (1997): 22-38.

158 Baard, P., Deci, E. y Ryan, R. (2004). "Intrinsic Need Satisfaction: A Motivational Basis of Performance and Well-Being in Two Work Settings". *Journal of Applied Social Psychology,* 34, 2045-2068. http://dx.doi.org/10.1111/j.1559-1816.2004.tb02690.x.

159 Kirton, M. J. (1994). *Adaptors and Innovators: Styles of Creativity and Problem Solving* (Revised Edition). London: Routledge. Disponible en: https://www.scirp.org/reference/referencespapers?referenceid=2164359. Kirton, M. J. (1976): "Adaptors and Innovators: A Description and Measure," *Journal of Applied Psychology* 61 (1976): 622-29.

160 Sutton, R. (2010): "Managing yourself: the Boss as a Human Shield", Harvard Business Review, septiembre de 2010. Disponible en: https://hbr.org/2010/09/managing-yourself-the-boss-as-human-shield.

161 De una clase con Sutton, R.: charla que dio William E. Coyne en la Universidad Motorola en Schaumburg, Illinois, 11 de julio del 2000.

162 Packard, D. (1995): *The HP Way: How Bill Hewlett and I Built Our Company*, New York, HarperBusiness, p. 108.

163 Rao H., Sutton, R. y Webb, A. (2008): "Innovation lessons from Pixar: An interview with Oscar-winning director Brad Bird", *McKinsey Quaterly*, abril de 2008. Disponible en: https://www.mckinsey.com.

164 Edmondson, A. C. (1999), "Psychological safety and learning behavior in work teams", *Administrative Science Quaterly*, 44, 350-383. Tucker, A. L. y Edmondson, A.C. (2003): "Why hospitals don´t learn from failures: Organizational and psychological dynamics that inhibit system change", *California Management Review*, 45, 55-72.

165 Edmondson, A. C. (2004): "Learning From Mistakes Is Easier Said Than Done. Group and Organizational Influences on the Detection and Correction of Human Error", *The Journal of Applied Behavioral Science*, Vol. 40 No. 1, marzo de 2004.

166 Berkun, S. (2010): *The Myths of Innovation*, Sebastopol (Canadá), O`Reilly Media, p. 104.

167 Isaacson, W. (2014): *Los innovadores, Los genios que inventaron el futuro*…ob. cit., p. 136.

168 Drucker, P. (1987): *La innovación y el empresario innovador*, Buenos Aires, Sudamericana, p. 180.

169 Ibídem, p. 186.

170 Duhigg, C. (2016): "What Google Learned From Its Quest to Build the Perfect Team", *The New York Times*, 25 de febrero de 2016. Disponible en: https://www.nytimes.com/2016/02/28/magazine/what-google-learned-from-its-quest-to-build-the-perfect-team.html.

171 Woolley, A. et al. (2010): "Evidence for a Collective Intelligence Factor in the Performace of Human Groups", *Science*, 30 Sep de 2010, Vol 330, Issue 6004, pp. 686-688. DOI: 10.1126/science.1193147. Disponible   en: https://www.science.org/doi/10.1126/science.1193147.

172 Rozovsky, J. (2015): "The five keys to a successful Google team", re Work, 17 de noviembre de 2015. Disponible en: https://rework.withgoogle.com/blog/five-keys-to-a-successful-google-team/.

173 Ibidem.

174 Hofstede, G., Hofstede, G. J. y Minkow, M. (2010): *Culture and Organizations (Software of the Mind), Intercultural Cooperation and Its Importance for Survival*, United States, 3rd. ed.

---

[175] Barnett, H. (1953): *Innovation: The Basis of Cultural Change,* Nueva York, p. 65.

[176] Scott, S. (1992): "Why do some societies invent more than others?", *Journal of Business Venturing* 7, 29-46. Rinne T., Steel D. y Fairweather J. (2012): "Hofstede and Shane Revisited: The Role of Power Distance and Individualism in National-Level Innovation Success", *Cross-Cultural Research 46 (2) 91-108, SAGE Publications.* Taylor M. Z., Wilson S. (2012). "Does culture still matter? The effects of individualism on national innovation rates". *Journal of Business Venturing,* 27, 234-247.

[177] Isaacson, W. (2014): *Los innovadores...*ob. cit., p. 345 y p. 494.

[178] Hofstede, G., Hofstede, G. J. y Minkow, M. (2010): *Culture and Organizations (Software of the Mind), Intercultural Cooperation and Its Importance for Survival...*ob. cit. pp. 57-59. Table 3.1 *Power Distance Index* (PDI).

[179] Ibidem, pp. 95-97 (Table 4.1 *Individualism Index,* IDV).

[180] Dunning, D., Heath, C. y Suls, J. (2004): "Flawed Self-Assessment: Implications for Health, Education, and the Workplace,", *Psychological Science* 5 (2004): 69-106. Dunning, D. (2005): *Self-Insight,* New York, Psychology Press. Sutton, R. (2010): "Some Bosses Live in a Fool´s Paradise", Harvard Business Review, 3 de junio de 2010. Disponible en: https://hbr.org/2010/06/some-bosses-live-in-a-fools-pa.

[181] Sutton, R. (2010): *Good Boss, Bad Boss...*ob. cit., p. 49. Weber, R. et al. (2001): "The Illusion of Leadership: Misattribution of Cause in Coordination Games", *Organization Science* 12, (2001): 582-598.

[182] Tiger, L. (1970): "Dominance in Human Societies", *Annual Review of Ecology and Systematics* Vo. 1 (1970): 298.

183 Una clase que tomé con Robert Sutton. Eskridge, K. (2008): "They Watch Everything You Do,", *Humans at Work*, 7 de noviembre de 2008. Disponible en: http://www.humansatwork.com.

184 Bryant, A. (2009): "Linda Hudson of BAE on Fitting In, and Rising to the Top", *The New York Times* (Corner Office), 19 de septiembre de 2009. Disponible en: https://www.nytimes.com/2009/09/20/business/20corner.html.

185 Keltner D., Gruenfeld, D. H. y Anderson, C. (2003). "Power, approach, and inhibition". *Psychological Review, 110*(2), 265–284. https://doi.org/10.1037/0033-295X.110.2.265

186 "David Packard´s 11 Simple Rules", HP Retiree. Disponible en: http://www.hp.com/retiree/history/founders/packard/11rules.html.

187 Amabile, T. y Kramer, S. (2011): *The Progress Principle: Using Small Wins to Ignite Joy, Engagement, and Creativity at Work*, Boston, Harvard Business School Publishing. Disponible en: https://www.hbs.edu/faculty/Pages/item.aspx?num=40692

188 Weick, K. E. (1984): "Small Wins: Redefining the Scale of Social Problems", *American Psychologist* 39 (1984): 40-49.

189 Ibidem.

190 Weick, K.E. (1984): "Small Wins: Redefining the Scale of Social Problems", ob. cit.

191 Sutton, R. (2010): *Good Boss, Bad Boss…*ob. cit., p. 154.

192 Mintzberg, H. (1990): "The Manager´s Jobs: Folklore and Fact", Harvard Business Review, (March-April 1990). Disponible en: https://hbr.org/1990/03/the-managers-job-folklore-and-fact.

193 "201 Amazing Steve Jobs Quotes (That Will Motivate You)". Disponible en: http://wisdomquotes.com/steve-jobs-quotes/.

194 Sutton, R. (2011): "Pixar Lore: The Day Our Bosses Saved Our Jobs", Harvard Business Review, 10 de enero de 2011. Disponible en: https://hbr.org/2011/01/pixar-lore-the-day-our-bosses.

195 Mark, G., Gonzalez, V. y Harris, J. (2005): "No Task Left Behind? Examining the Nature of Fragmented Work" (paper, CHI 2005, Portland, OR, abril 2-7, 2005), 113-120. Mark G., Gudith, D. y Klocke, U. (2008): "The Cost of Interrupted Work: More Speed and Stress", en *Proceedings of the Twenty-Sixth Annual SIGCHI Conference on Human Factors in Computing Systems* (New York: ACM, 2008), 107-110.

196 Rosoff, M. (2011): "Andreessen and Horowitz Charges Employees $10 Per Minute If They´re Late To Meetings", *Business Insider*, 1 de marzo de 2011. Disponible en: https://www.businessinsider.com/andreessen-horowitz-adds-fourth-partner-2011-3.

197 Bluedorn A., Turban, D. y Love, M. (1999): "The Effects of Stand-Up and Sit-Down Meeting Formats on Meeting Outcomes", *Journal of Applied Psychology* 84 (1999): 277-285.

198 Townsend, R. (2007): *Up the Organization*, San Francisco, Jossey-Bass, 1970, p. 130.

199 Sutton, R. (2010): *Good Boss, Bad Boss*...ob. cit. p. 161.

200 Lo dice Sutton en una clase que tomé con él.

201 Sutton, R. (2010): *Good Boss, Bad Boss*...ob. cit. p. 107.

202 Mossberg, W. y Swisher, K. (2019): "Steve Jobs and Bill Gates Face Off". Disponible en: https://www.youtube.com/watch?v=Sw8x7ASpRIY&t=1286s.

203 Gaskins, R. (2012): "Viewpoint: How PowerPoint changed Microsoft and my life", BBC, Julio 31, 2012. Disponible en: www.bbc.com/news/technology.

204 Barr, J. (2015): "Doug Klunder '81 Excel creator works for civil liberties", *MIT Technology Review*, 22 de diciembre de 2015. Disponible en: https://www.technologyreview.com/s/543961/doug-klunder-81/.

205 Edwards, B. (2011): "The iPod: How Apple's legendary portable music player came to be", *Macworld*, 23 de octubre de 2011. Disponible en: https://www.macworld.com/article/1163181/the-birth-of-the-ipod.html.

206 Hargadon, A. (2003): *How Breakthroughs Happen: The Surprising Truth About How Companies Innovate...*ob. cit., pp. 15-16.

207 Sala-i-Martin, X. (2016): *Economía en colores*, Barcelona, p. 81.

208 Fildes, J. (2007): "Darwin´s letters archive on web", BBC, 16 de mayo de 2007. Disponible en: http://news.bbc.co.uk/2/hi/science/nature/6657237.stm.

209 Hansen, M. (2009): *Collaboration*, Harvard Business School Publishing, Boston, p. 25.

210 Hansen, M. (2010): "IDEO CEO Tim Brown. T-Shaped Stars: The Backbone of IDEO's Collaborative Culture", *Chief Excecutive*, enero 21, 2010. Disponible en: https://chiefexecutive.net/ideo-ceo-tim-brown-t-shaped-stars-the-backbone-of-ideoaes-collaborative-culture__trashed/.

211 De una clase con R. Sutton.

212 Sutton, R. (2010): *Good Boss, Bad Boss...*ob. cit., pp. 107-108.

213 "Microsoft´s Downfall: Inside the Executive E-Mails and Cannibalistic Culture that Felled a Tech Giant", *Vanity Fair*, 3 de julio de 2012. Disponible en: https://www.vanityfair.com/news.

---

214 Sutton, R. (2012): "Dysfunctional Internal Competition at Microsoft: we've seen the enemy, and it is us!", 6 de Julio de 2012. Disponible en: https://bobsutton.typepad.com/my_weblog/2012/07/dysfunctional-internal-competition-at-microsoft-weve-seen-the-enemy-and-it-is-us.html.

215 Hansen, M. (2009): *Collaboration*…ob. cit., p 51.

216 Ibidem, pp. 55-56.

217 Tett, G. (2015): "Why the silo effect makes us stupid", *Financial Review*, 28 de agosto de 2015. Disponible en: https://www.afr.com/life-and-luxury/arts-and-culture/the--big-walkman-switchoff-how-silos-stifle-progress-in-the-digital-age-20150824-gj64kk.

218 Hansen, M. (2009): *Collaboration*…ob. cit., p. 7.

219 Sellers, P. (2004): "P&G: Teaching An Old Dog New Tricks CEO A.G. Lafley has kicked up the good ideas at the stodgy Midwestern giant-and the company's growth too. Here's an inside look at how he's doing it." *CNN Money*, 31 de mayo de 2004. Disponible en: https://money.cnn.com/magazines/fortune/fortune_archive/2004/05/31/370714/index.htm.

220 Cross R., Rebele, R. y Grant, A. (2016): "Collaborative Overload", Harvard Business Review, enero-febrero 2016. Disponible en: https://hbr.org/2016/01/collaborative-overload.

221 Kerr, S. (1995): "On the folly of rewarding A, while hoping for B", *Academy of Management Executive*, 1995, Vol. 9, No. 1.

222 Hansen, M. (2009): *Collaboration*, ob. cit., p. 107.

223 Goodall, J. (1988): *In the Shadow of Man*, New York, Houghton Mifflin, p. 6. Karbo, K. "Jane Goodall, how a woman redefined

mankind", *National Geographic*, 18 de enero de 2019. Disponible en: https://www.nationalgeographic.com/culture/article/jane-goodall-book-excerpt-praise-difficult-women.

[224] Khun, T. (1970): *The Structure of Scientific Revolutions* (Second Edition, Enlarged), Thomas S. International Encyclopedia of Unified Science Volumes I and II-Foundations of the Unity of Science Volume II-Number 2, The University of Chicago Press, 1970, p. 90.

[225] Asakura, R. (2000): *Revolutionaries at Sony,* New York, McGraw-Hill, p. 229.

[226] Hargadon, A. (2004): *How Breakthroughs Happen: The Surprising Truth About How Companies Innovate*…ob. cit., p. 86.

[227] Auletta, K. (2011): "Can Sheryl Sandberg Change Silicon Valley?" (A Woman´s Place), *The New Yorker.* 4 de julio de 2011. Disponible en: https://www.newyorker.com/magazine/2011/07/11/a-womans-place-ken-auletta.

[228] "End of an Era: Google Executive Eric Schmidt to leave board", 1 de mayo de 2019, Brand&Leaders.com. Disponible en: https://www.brandsandleaders.com/2019/05/01/end-of-an-era-google-executive-eric-schmidt-to-leave-board/.

[229] Dyer, J., Gregersen, H. y Christensen, C. (2011): *The Innovator's DNA: Mastering the Five Skills of Disruptive Innovators* …ob. cit., pp. 183-185.

[230] Ibidem, p. 188.

[231] Ibidem, p. 191.

[232] Ibidem, p. 228.

[233] Lashinsky, A. (2011): "How Apple Works: Inside the World's Biggest Startup", *Fortune*, 9 de mayo de 2011. Disponible en: https://fortune.com/2011/05/09/inside-apple/.

---

234 Krantz, M. (2022): "13 Firms Hoard $1 Trillion In Cash (We're Looking At You Big Tech)", *Investors Business Daily*, 3 de febrero de 2022. Disponible en: https://www.investors.com/etfs-and-funds/sectors/sp500-companies-stockpile-1-trillion-cash-investors-want-it/.

235 Lashinsky, A. (2011): "How Apple Works: Inside the World's Biggest Startup", *Fortune*, 9 de mayo de 2011. Disponible en: https://fortune.com/2011/05/09/inside-apple/.

236 Bill Campbell: de una clase que tomé con Sutton, R.

237 Sutton, R. (2014): "Why Big Teams Suck: Seven (Plus or Minus Two) is the Magical Number Once Again". Disponible en: https://bobsutton.typepad.com/my_weblog/2014/03/why-big-teams-suck-seven-plus-or-minus-two-is-the-magical-number-once-again.html.

238 Ibidem.

239 Comentado en clase por Sutton, R. aunque no indicó el estudio o investigación en que basa esta afirmación.

240 Messick, D. y Kramer, R. (2005): *The Psychology of Leadership: New Perspectives and Research*, Mahwah New Jersey, Lawrence Erlbaum Associates, p. 126.

241 Eisenhardt, K. y Schoonhoven, C. (1990): "Organizational Growth: Linking Founding Team, Strategy, Environment, and Growth Among U.S. Semiconductor Ventures, 1978-1988", *Administrative Science Quarterly* 35 (1990): 504-529.

242 Hackman, R. (2002): *Leading Teams*, Boston, Harvard Business School Press, pp. 54-59.

243 "Ruining it for the Rest of Us", *This American Life*, episode 370, 19 de diciembre de 2008. Disponible en: https://www.thisamericanlife.org/370/ruining-it-for-the-rest-of-us. Felps

W., Mitchell T. y Byington, E. (2006): "How, When, And Why Bad Apple Spoil the Barrel: Negative Group Members and Dysfunctional Groups", *Research in Organizational Behavior*, Volume 27, 175-222 (2006).

[244] Sutton, R. (2010): *Good Boss, Bad Boss…*ob. cit., p. 100.

[245] una clase que tomé con Sutton. R.

[246] Vohs K., Baumeister, R., Bratslavsky, E. y Finkenauer, C. (2001): "Bad is Stronger Than Good", *Review of General Psychology*, 2001, Vol. 5, No. 4, 323-370.

[247] Ibidem.

[248] Ibidem.

[249] Andersen, E. (2013): "21 Quotes From Henry Ford On Business, Leadership And Life", *Forbes*, 31 de mayo de 2013. Disponible en: https://www.forbes.com/sites/erikaandersen/2013/05/31/21-quotes-from-henry-ford-on-business-leadership-and-life/.

[250] "How Elon Musk has missed his targets on delivering affordable cars", *Reuters*, March 1, 2023. Disponible en: https://www.reuters.com/business/autos-transportation/how-elon-musk-has-missed-his-targets-delivering-affordable-cars-2023-03-01/

[251] Rao H., Sutton, R. y Webb, A. P. "Innovation lessons from Pixar: An interview with Oscar-winning director Brad Bird" ob. cit. Snell J. "Steve Jobs: Making a dent in the universe", *Macworld*, 6 de octubre de 2011. Disponible en: https://www.macworld.com/article/214642/steve-jobs-making-a-dent-in-the-universe.html.

[252] Rosenthal, R. y Rubin, D. B. (1978): "Interpersonal Expectancy Effects: The First 345 Studies", *Behavioral and Brain Sciences* 3 (1978): 377-86. Rosenthal, R. y Jacobson, L. (1968): "Pygmalion in the Classroom: Teacher Expectations and Pupils' Intellectual

Development", New York, Holt, Rinehart & Winston. Livingston J.S. (1969): "Pygmalion in Management", *Harvard Business Review* 47 (1969): 81-89. Eden, D. (1984): "Self-Fulfilling Prophecy as a Management Tool: Harnessing Pygmalion,", *Academy of Management Review* 9 (1984): 64-73.

[253] Eden, D. y Shani, A. B. (1982). "Pygmalion goes to boot camp: Expectancy, leadership, and trainee performance" *Journal of Applied Psychology, 67*(2), 194–199. https://doi.org/10.1037/0021-9010.67.2.194.

[254] una clase con Robert Sutton.

[255] Martin, L.N. y Delgado, M.R. (2011): "The influence of emotion regulation on decision-making under risk". *J Cogn Neurosci.* 2011 Sep;23(9):2569-81. doi: 10.1162/jocn.2011.21618. Epub 2011 Jan 21. PMID: 21254801; PMCID: PMC3164848.

[256] Gardner, N. "Emotionally ambivalent workers are more creative, innovative", University of Washington, 5 de octubre 2006. Disponible en: http://www.washington.edu/news/2006/10/05/emotionally-ambivalent-workers-are-more-creative-innovative/. Fong, C. T. (2006): "The Effects of Emotional Ambivalence on Creativity", *The Academy of Management Journal*, Vol. 49, No. 5 (octubre, 2006), pp. 1016-1030.

[257] Hatfield, E., Cacioppo, J. y Rapson, R. (1994): *Emotional Contagion* (Cambridge, UK: Cambridge University Press, 1994). Colligan, M., Pennebaker, J. y Murphy, L. (1982): *Mass Psychogenic Illness: A Social Psychological Analysis,* Hillsdale, NJ, Erlbaum.

[258] Sutton, R. (2010): *Good Boss, Bad Boss…*ob.cit., p. 120.

[259] una clase que tomé con Sutton, R.

[260] Vohs K., Mead, N. y Goode, M. (2006): "The Psychological Consequences of Money", *Science*, Vol. 314, No. 5802, (17 de noviembre de 2006), pp. 1154-1156.

[261] Lashinsky, A. (2011): "How Apple Works: Inside the World's Biggest Startup", *Fortune*, 9 de mayo de 2011. Deutschman A. "The once and future Steve Jobs", Salon.com, 11 de octubre de 2000. Disponible en: http://www.salon.com/technology/books/2000/10/11/jobs_excerpt.

[262] Rao H., Sutton, R. y Webb, A. (2008): "Innovation lessons from Pixar: An interview with Oscar-winning director Brad Bird", ob. cit.

[263] Lashinsky, A. (2011): "How Apple Works: Inside the World's Biggest Startup", *Fortune*, 9 de mayo de 2011. Disponible en: https://fortune.com/2011/05/09/inside-apple/.

[264] Steve Jobs: discurso en Stanford el 12 de junio de 2005. Disponible en: https://news.stanford.edu/2005/06/14/jobs-061505/.

[265] "Annacone, el guía espiritual de Sampras y Federer", *La Nación*, Buenos Aires, 1 de agosto de 2019. Disponible en: https://www.lanacion.com.ar/deportes/annacone-guia-espiritual-sampras-federer-nid2273088/

[266] Zenger J., Folkman, J. y Edinger, S. (2009): "How Extraordinary Leaders Double Profits", *Chief Learning Officer*, julio de 2009. Mendonca, L., Kirkland, R. y Kuntz, M. (2009): *What Matters? Ten Questions That Will Shape Our Future*, McKinsey Management Institute, p. 80.
[267] Mediratta, B.; as told to Julie Bick (2007): "The Google Way: Give Engineers Room", *New York Times*, 21 de octubre de 2007. Disponible en: https://www.nytimes.com/2007/10/21/jobs/21pre.html

[268] Pink, D. (2009): *Drive, The Surprising Truth About What Motivates Us...*ob. cit., p. 99.

[269] Ibidem, p. 91.

[270] Ibidem, pp. 42-43.

[271] Deci E., Koestner, R. y Ryan, R. (2001): "Extrinsic Rewards and Intrinsic Motivation in Education: Reconsidered Once Again", *Review of Education Research* 71, no. 1(Spring 2001): 14.

[272] Pink, D. (2009): *Drive, The Surprising Truth About What Motivates Us*...ob. cit., pp. 13-14.

[273] Sutton, R. (2010): *Good Boss, Bad Boss*...ob. cit. p. 85.

[274] Sutton, R. (2010): "It´s Up to You to Start a Good Fight", Harvard Business Review, 3 de agosto de 2010. Disponible en: https://hbr.org/2010/08/its-up-to-you-to-start-a-good.

[275] Catmull, E. y Wallace, A. (2014): "Creativity, Inc.: Overcoming the Unseen Forces That Stand in the Way of True Inspiration". Disponible en: https://highlights.sawyerh.com/volumes/a1351c21-deba-45a0-9ec2-6322200c1753.

[276] Sutton, R. (2010): "It´s Up to You to Start a Good Fight", Harvard Business Review, 3 de agosto de 2010. Disponible en: https://hbr.org/2010/08/its-up-to-you-to-start-a-good.

[277] Sutton, R. "Fight Like You're Right, Listen Like You're Wrong and Other Keys to Great Management", *First Round Review, Management.* Disponible en: https://firstround.com/review/Fight-Like-Youre-Right-Listen-Like-Youre-Wrong-and-Other-Keys-to-Great-Management/.

[278] "Disagree and Commit: The Importance of disagreement in decision making", Hackernoon, 17 de enero de 2019. https://hackernoon.com/disagree-and-commit-the-importance-of-disagreement-in-decision-making-b31d1b5f1bdc.

[279] Lopez Rosetti, D. (2017): *Emoción y sentimientos*, Buenos Aires, Planeta. Bachrach, E. (2012): *Ágil mente*, Buenos Aires, Sudamericana, pp. 86-87.

[280] Kotter, J. y Cohen, D. (2002): *The Heart of Change*, Boston, Harvard Business Review Press.

[281] Damasio, A. (2003): *El error de Descartes*, Buenos Aires, Paidós, p. 10.

[282] Ibidem, p. 71.

[283] Bachrach, E. (2012): *EnCambio*, Buenos Aires, Sudamericana, p. 396.

[284] Isen, A. M., Daubman, K. A. y Nowicki, G. P. (1987): "Positive Affect Facilitates Creative Problem Solving", *Journal of Personality and Social Psychology*, Vol. 52: 1122-1131. Isen, A. M. et al. (1985). "The Influence of Positive Affect on Clinical Problem Solving", *Medical Decision Making* 11:221-227.

[285] Nyberg, A. et al. (2009): "Managerial Leadership and Ischaemic Heart Disease Among Employees: The Swedish WOLF Study", *Occupational and Environmental Medicine* 66 (2009): 51-55.

[286] Sutton, R. y Rao, H. (2014): *Scalling Up Excellence*, New York, Random House, p. 82.

[287] Ibidem, p. 83.

[288] Ibidem, p. 84.

[289] Una clase con Rao, H. profesor de la Universidad de Stanford. McBride, E. (2014): "Slam the Clam: Lesson From BP's Fast Growth", *Forbes*, 31 de octubre de 2014. Disponible en: https://www.forbes.com/sites/elizabethmacbride/2014/10/31/slam -the-clam-what-you-can-take-from-a-british-petroleum-slogan/.

[290] Sutton, R. y Rao, H. (2014): *Scalling Up Excellence*...ob. cit., pp. 79-80.

[291] Ibidem, p. 81.

292 Lafley, A. G. y Charan, R. (2008): *Game Changer*, New York, Random House, p. 21. Una clase con R. Sutton.

293 "Communication: Keep it Simple", Leading Blog: A Leadership Blog". Disponible en: https://www.leadershipnow.com/leadingblog/2008/10/communication_keep_it_simple.html.

294 Sutton, R. (2010): *Good Boss, Bad Boss*…ob. cit., p. 145.

295 Bezos quote. "Quotefancy". Disponible en: https://quotefancy.com/quote/1093142/Jeff-Bezos-If-you-want-to-be-inventive-you-have-to-be-willing-to-fail.

296 Lafley, A. G. y Charan, R. (2008): *Game Changer*, New York, Random House, p. 21. También de las clases de R. Sutton.

297 Hargadon, A. (2003): *How Breakthroughs Happen: The Surprising Truth About How Companies Innovate*…ob. cit., p. 93.

298 Cross, R., Baker, W. y Parker, A. (2003): "What creates energy in organizations?", *MIT Sloan Management Review*, junio de 2003.

299 "The Slow Death of Design", 16-11-2023, Design Shangai: Stories, Disponible en: https://design.shangai/stories.

300 "Triumph of the Nerds 1995". Disponible en: https://allaboutstevejobs.com/videos/misc/triumph_of_the_nerds_interview_1995.

301 Weintraub, S. (2013): "IDEO founder David Kelley talks design, Steve Jobs, cancer, and the importance of empathy", *9to5Mac*, 6 de enero de 2013. Disponible en: https://9to5mac.com/2013/01/06/ideo-founder-david-kelley-talks-design-steve-jobs-cancer-and-the-importance-of-empathy/.

302 Idem.

---

303 About IDEO. Disponible en: https://www.ideo.com/about. Hargadon, A. (2003): *How Breakthroughs Happen: The Surprising Truth About How Companies Innovate*…ob. cit., p. 136.

304 Hargadon, A. (2003): *How Breakthroughs Happen: The Surprising Truth About How Companies Innovate*…ob. cit., pp. 141-148.

305 IDEO, "Designing a School System from the Ground Up". Disponible en: https://www.ideo.com/case-study/designing-a-school-system-from-the-ground-up. Claire, M. (2014): "Shaping a School System from the Ground Up", *The New York Times*, 5 de julio de 2014. Disponible en: https://ed.stanford.edu/in-the-media/shaping-school-system-ground-quotes-sandy-speicher-gse-alumna.

306 "Seis atributos innovadores que debe tener una organización para no desaparecer", *Infobae*, 25 de junio de 2019. "Como lograr estos 6 atributos que poseen las empresas mas innovadoras del mundo", *El Cronista*, 19 de junio de 2019. "Ideo Studied Innovation In 100+ Companies–Here's What It Found", *Fast Company*, 20 de marzo de 2017. Tang S. y Aycan D. (2018): "How to Set the Conditions for Innovation", IDEO, 6 de julio de 2018. Disponible en: https://www.ideo.com/search?q=Creative%20Difference.

307 IDEO-Tools: "Creative Difference: A Customized Guide to a More Innovative and Adaptive Culure". Disponible en: https://www.ideo.com/post/creative-difference.

308 Kelley, T. y Kelley, D. (2013): *Creative Confidence*, ob. cit. p. 41.

309 Ibidem, p. 130.

310 Ibidem, p. 141.

311 Ibidem, p. 143.

312 Salter, C. (2008): "Marissa Mayer´s 9 Principles of Innnovation", *FastCompany*, 2-19-2008. Disponible en:

---

https://www.fastcompany.com/702926/marissa-mayers-9-principles-innovation.

313 Kirby, J. y Stewart, T. (2007): "The Institutional Yes", Harvard Business Review, octubre de 2007. Disponible en: https://hbr.org/2007/10/the-institutional-yes

314 Kelley, T. y Kelley, D. (2013): *Creative Confidence...*ob. cit. ,p. 186.

315 Yamashita, K. (IDEO): su curso *From Superpowers to Great Teams* en IDEO University. Disponible en: https://www.ideou.com/products/leading-for-creativity.

316 Brown, J. (IDEO): su curso *The Power of Purpose* en IDEO University. Disponible en: https://www.ideou.com/pages/course-calendar.

317 Neighmond, P. (2014): "People Who Feel They Have A Purpose In Life Live Longer", NPR, 28 de Julio de 2014. Disponible en: https://www.npr.org/sections/health-shots/2014/07/28/334447274/people-who-feel-they-have-a-purpose-in-life-live-longer.

318 Grant, A. (2010): "Putting a Face to a Name: The Art of Motivating Employees", Knowledge at Wharton, University of Pennsylvania, 17 de febrero de 2010. Disponible en: https://knowledge.wharton.upenn.edu/article/putting-a-face-to-a-name-the-art-of-motivating employees/. "Do You Know How to RETAIN TALENT?, Leadership Foundry. Disponible en: https://www.leadershipfoundry.com/retain-talent/.

319 Brown, J. (IDEO): su curso *The Power of Purpose* en IDEO University. Disponible en: https://www.ideou.com/pages/course-calendar.

320 Hirsch, J. y Hsu, T. (2014): "Elon Musk opens up Tesla patents; it 'isn't entirely altruistic", *Los Angeles Times,* June 12, 2014.

321 Sinek, S. "How Great Leaders Inspire Action". Disponible en: https://www.ted.com/talks/simon_sinek_how_great_leaders_inspire_actio n?language=en.

322 Bennis, W. y Namus, B. (1985): *Leaders: The Strategies for Taking Charge*, Harpercollins. US Army Heritage and Education Center. Q. Who first originated the term VUCA (Volatility, Uncertainty, Complexity and Ambiguity)?. Disponible en: https://usawc.libanswers.com/faq/84869.

323 Scott, D. A., Viguerie, P., Schwartz, E. y Van Landeghem, J. (2018): "2018 Corporate Longevity Forecast: Creative Destruction is Accelerating", *Innosight*, 6 de febrero de 2018. Disponible en: https://www.innosight.com/insight/creative-destruction.

324 Pandey, E. (2018): "How Barnes & Noble, the last big bookstore, fell to Amazon", *Axios*, 7 de octubre de 2018. Disponible en: https://www.axios.com/2018/10/04/barnes-and-noble-book-stores-sale-amazon-effect

325 Lambert, F. (2022): "Tesla still dominates US electric car market, and it´s not even closs", *Electrek*, 17 de marzo de 2022. Disponible en: https://electrek.co/2022/03/17/tesla-still-dominates-us-electric-car-market/.

326 "Microsoft's Kevin Scott & Kathleen Hogan discuss Bay Area presence & careers", *The Official Microsoft Blog*, 28 de febrero de 2019. Disponible en: https://blogs.microsoft.com/bayarea/2019/02/28/microsoft-growth-conference-kevin-scott-kathleen-hogan/

327 Wentz, R. C. (2012): *The Innovation Machine*…ob. cit. p. 176 (capítulo 6.3. *BMW is a Master of Idea Sourcing*).

328 Kelley, T. y Kelley, D. (2013): *Creative Confidence* ..ob. cit. pp. 208-209.

329 "A Dozen Things I've Learned from Marissa Mayer about Business, Management, and Innovation", 25ip, December 14, 2014. Disponible en: https://25ip.com/2014.

330 Isen, A., Daubman, K. A. y Nowicki, G. P. (1987). "Positive affect facilitates creative problem solving". *Journal of Personality and Social Psychology,* *52*(6), 1122–1131. https://doi.org/10.1037/0022-3514.52.6.1122. Isen AM, Rosenzweig A. y Young M. "The Influence of Positive Affect on Clinical Problem solving". *Medical Decision Making.* 1991;11(3):221-227. doi:10.1177/0272989X9101100313.

331 Shane, S. (1992): "Why do some societies invent more than others?", *Journal of Business Venturing* 7, 29-46. Rinne T., Steel, D. y Fairweather, J. (2012): "Hofstede and Shane Revisited: The Role of Power Distance and Individualism in National-Level Innovation Success", *Cross-Cultural Research 46 (2) 91-108,* Lincoln University, New Zeland, *SAGE Publications.* Taylor, M. Z. y Wilson, S. (2010): "Does culture still matter?: The effects of individualism on national innovation rates", *Journal of Business Venturing* 27 (2012), 234-247.